EL ARGUMENTO POR EL SOCIALISMO

El argumento por el socialismo

ALAN MAASS

TRADUCIDO POR LUIS RODRIGUEZ

CON ORLANDO SEPÚLVEDA,
MARIO CARDENAS
Y RUTH GORING

Haymarket Books
Chicago, Illinois

El argumento por el socialismo, por Alan Maass, fue publicado por primera vez bajo el título *Por qué debes ser socialista*, en el 2001, por la Organización Socialista Internacional. Esta es una edición revisada y publicada en el 2014 por Haymarket Books.

© 2014 Alan Maass
"Eugene V. Debs y la idea del socialismo"
© 1999, 2004 Howard Zinn

Haymarket Books
PO Box 180165
Chicago, IL 60618
773-583-7884
www.haymarketbooks.org
info@haymarketbooks.org

Distribución comercial:
En Estados Unidos, Consortium Book www.cbsd.com
En Canadá, Publishers Group Canada, pgcbooks.ca
En el Reino Unido, Turnaround Publisher Services, www.turnaround-uk.com
En todos los demás países, Publishers Group Worldwide, www.pgw.com

Diseño de la portada por Eric Ruder
Portada: Manifestantes afuera de la Convención Nacional Republicana en el 2008 en Minneapolis/St. Paul, Minnesota. Foto de Eric Ruder, 1 septiembre 2008

Impreso en Canadá por trabajadores sindicalizado.

ISBN 978-1-60846-194-3
Catalogación en la Biblioteca del Congreso está disponible.

Contenido

El argumento por el socialismo

El capitalismo no funciona.

Para millones y millones de personas en los Estados Unidos y alrededor del mundo, no hay otra manera de expresarlo. Cada día, cada semana, cada mes trae más y más evidencia de cómo crecen el hambre y la pobreza, el desempleo y las ejecuciones hipotecarias, la guerra y la destrucción ambiental. Todo mientras una pequeña élite, un diminuto por ciento de la humanidad, disfruta una vida de increíble riqueza y privilegios, completamente protegidos de lo que al resto de nosotros nos toca vivir.

El argumento de los que respaldan el sistema capitalista —que si eres muy trabajador y te sacrificas serás recompensado, saldrás adelante y tus hijos tendrán mayores oportunidades que tú— se ha puesto de manifiesto como el fraude que es para la gran mayoría de la sociedad. Para ella, la sobrevivencia sólo se dificulta. Y si tienes la mala fortuna de un accidente u otra inesperada crisis —o si, como muchos en EEUU, naciste en la pobreza y, por lo tanto, sin la oportunidad de "salir adelante" —pues . . . así es la vida.

Pregúntale a Evan Gutiérrez. En diciembre de 2008, él perdió su trabajó en una iglesia y centro comunitario de Los Ángeles debido a recortes presupuestarios relacionados con la crisis financiera de Wall Street. Encontró un empleo como maestro de música en una escuela chárter[1], pero tan pronto comenzó, la escuela cerró. Con un niño próximo a nacer, Evan y su esposa se mudaron a un apartamento más barato para economizar. Aun así se atrasaron en el pago del alquiler, y Evan terminó pidiendo ayuda al fondo de bienestar en la misma iglesia donde él antes ayudaba a otros. "Nos habíamos criado bajo la impresión de que existe una correlación entre tu esfuerzo y los frutos de tu trabajo", dijo Evan al *New York Times*. "Para ser franco, tengo muy poca esperanza de poder mejorar mi situación. Me siento totalmente, pero totalmente fuera de control."

Unos cuantos cientos de millas al norte, la familia Ferrell lucha por sobrevivir en Lincoln, California. A fines del 2009 Jeff Ferrell todavía mantenía su empleo como inspector estatal de salubridad laboral. Pero el recorte presupuestario del gobernador Arnold Schwarzenegger impuso dos días feriados sin pago por mes para todos los trabajadores estatales, lo cual constituye una reducción salarial del 10 por ciento para la familia Ferrell. Ahora, antes de comprar los alimentos, Sharon Ferrell llama a su banco para saber cuanto dinero le queda en su cuenta, y mantiene una calculadora en

---

1 Haremos préstamo del inglés "charter" para designar escuelas públicamente financiadas pero administradas por grupos independientes, privados. Estas escuelas son conocidas en algunas partes de América Latina como "subvencionadas", aunque los regímenes de subvención suelen diferir de un país a otro. Utilizaremos la castellanización "chárter" porque ésta ya ha entrado profundamente en el léxico de los hispanoparlantes en los Estados Unidos.

el carrito de compras para asegurarse de no exceder su balance. "Hemos cortado lo superfluo completamente", dice ella, "y aun así esto nos está comiendo hasta los huesos."

Jeff y Sharon temen que dentro de pocos años sus niñas gemelas tengan que enfrentar la misma dificultad que Colleen Riley, en el otro extremo del país, sufre actualmente. Colleen se graduó de la Universidad de Rhode Island en mayo del 2009, pero el mejor empleo que pudo encontrar fue por sólo 20 horas a la semana. No pudo mantener su apartamento y tuvo que regresar a la casa de sus padres. Al final del año, mientras seguía buscando empleo de tiempo completo, el primer repago de su préstamo estudiantil de $10 mil[2] venció, y al mismo tiempo por su edad, perdió cobertura bajo el seguro de salud de sus padres.

Ignacio Sánchez vino a los Estados Unidos desde México con un sólo propósito: mantener a su familia. Encontró empleo como jornalero en la ciudad de Nueva York, ganando hasta $200 al día a veces, y enviaba a su hogar lo máximo posible. Pero luego vino la crisis financiera y los empleos se desvanecieron. Ignacio no pudo pagar el alquiler. Temeroso de que los albergues públicos le exigieran documentos de identificación, él y otros indocumentados pasaban la noche en las calles, a menudo bajo un puente ferroviario en Queens. "Por los rieles del tren, el suelo estaba salpicado de los instrumentos de la pobreza: botellas de cerveza vacías, una biblia rasgada, un arrugado retrato de un niño", reportó el *New York Times*. Así resumió Ignacio su situación lamentable: "Esto no es vida."

Historias como estas no son la excepción. Se pueden encontrar en

---

2 El símbolo "$" en este libro representa dólares americanos.

cada esquina del país. Son las tristes consecuencias de una crisis económica que llevó el desempleo, la pobreza, el hambre, las hipotecarias, la salud —y literalmente, todos los otros indicadores de la calidad de vida de la clase obrera— al peor nivel en una generación. Y mientras comienza la segunda década del siglo veintiuno, la mayoría parece estar de acuerdo con Evan Gutiérrez en que no hay razón alguna para esperar mejores tiempos. Para Evan, los Ferrell, Colleen, Ignacio y tantos otros, el sistema parece estar confabulado en su contra.

No es por nada que según una encuesta de Rasmussen Reports en abril del 2009 sólo una mínima mayoría de los americanos creían que el capitalismo es un mejor sistema que el socialismo —y entre los menores de treinta años de edad, las preferencias se repartían igualmente entre el socialismo y el capitalismo. El descontento con el capitalismo y sus pervertidas prioridades crece aun en el país más rico del mundo —ni decir alrededor del mundo. La idea de que debe haber alguna alternativa a la miseria y la injusticia del mundo de hoy resuena con más y más gente.

Claro, para alguien como Glenn Beck esto es preocupante. Se podría hasta decir que un fantasma le acecha. "El socialismo", declaró Beck, con el temblor lacrimoso que caracteriza su voz, en su programa de radio en enero del 2009, "ya no parece ser algo malo en América. La mayoría de la gente actúa como si 'el socialismo no fuera tan malo'."

Pero para él —como para los otros voceros derechistas que pueblan las ondas radiales— la principal evidencia de que el socialismo está invadiendo Norteamérica fue la elección de Barack Obama como presidente. Eso representa un problema, ya que Obama insistentemente asegura que él no es socialista, y se ha esforzado mucho en probarlo: llenando su Departamento del Tesoro con lacayos de Goldman Sachs, expandiendo las guerras estadounidenses, y en general actuando como si su más alta prioridad fuese preservar el estatus quo.

Si eso fuera todo, Beck podría dormir tranquilo. Sin embargo el regreso del socialismo a la conversación política en Estados Unidos tiene raíces más profundas que el temor derechista sobre Obama. Ahí están: la casi implosión del sistema financiero mundial a finales del 2008; el apuro del gobierno federal, bajo Bush y Obama, para salvar a los banqueros con dinero de los impuestos de la población general; los efectos prolongados de la Gran Recesión; la desastrosa invasión y ocupación de Irak; la pesadilla del Huracán Katrina en Nueva Orleans y el burdo desprecio de Washington; la estridente intolerancia de la derecha cristiana; y la creciente frustración con un presidente que prometió cambio en su primera campaña electoral, sólo para hacer lo mismo que los previos presidentes una vez en el poder.

La certeza de décadas anteriores —de que el capitalismo, a pesar de sus fallas, es el único sistema funcional— se ha disipado, dejando un apetito urgente por algo diferente. La pregunta es qué debiera ser ese "algo diferente". ¿Cuál es la alternativa?

Este libro propone el socialismo. Socialismo: no las caricaturas estridentes de Glenn Beck y los otros; no como en la ex Unión de Repúblicas Socialistas Soviéticas; no lo que existe en los remanentes del totalitarismo estalinista como Corea del Norte, o el paraíso de corporaciones y maquiladoras, China; ni tampoco lo que los partidos de centro izquierda europeos llaman socialismo, para luego gobernar con políticas pro-capitalistas, no muy diferentes a sus contrapartes conservadores.

La genuina tradición socialista es fundamentalmente opuesta a todas éstas. En su esencia, el socialismo se trata de construir una nueva sociedad de abajo hacia arriba, por medios de las luchas de la gente trabajadora contra la explotación, la opresión y la injusticia — una lucha que eliminará el provecho y el poder como los principales objetivos de la vida, y que organizará nuestro mundo bajo los principios de igualdad, democracia y libertad.

Robin Hood al revés

Vivimos en un mundo de extrema desigualdad. Casi la mitad de la población mundial —más de tres mil millones de gente, o diez veces la población de los Estados Unidos— vive con menos de $2.50 al día. En el mundo, mil millón de personas viven desnutridas y se acuestan con hambre cada noche; dos de cada cinco carecen de acceso a agua potable; y una de cada cuatro vive sin electricidad. En los Estados Unidos, uno de cada cinco niños nace en la pobreza, y hoy la posibilidad de vivir al menos uno de nuestros años entre las edades de veinticinco y setenta y cinco bajo el nivel de pobreza es mayor que nunca.

Pero en medio de esta dolorosa pobreza, existe una riqueza inmensa —fortunas más allá de la imaginación de la gran mayoría. ¿Qué tan inmensa? En el 2008 el salario anual para un trabajador de la manufactura en los Estados Unidos fue de $37,107, según el Departamento del Trabajo. Si sacáramos ese sueldo en billetes de $20 y los pusiéramos uno tras otro longitudinalmente, cubrirían una distancia de 928 pies, o casi 283 metros —un poco más de un cuarto de kilómetro, o menos de tres cuartos de una vuelta alrededor de una cancha de fútbol.

Ahora considera al fundador de Microsoft, Bill Gates. De acuerdo a una encuesta de la revista *Forbes* sobre los americanos más ricos del 2009, Gates posee $50 mil millones. Si hiciéramos lo mismo con esta fortuna, los billetes cubrirían 380.983 kilómetros, o un millón de vueltas alrededor de una cancha de fútbol. O seis vueltas alrededor de la circunferencia de la tierra.

La fortuna de Bill Gates cubriría la distancia entre la Tierra y la Luna.

El número de los astronómicamente ricos disminuyó un poco como resultado de la crisis financiera que empezó en el 2007. Pero de acuerdo a *Forbes*, en el 2009 los 793 mil-millonarios del planeta todavía poseían el valor combinado de $2,4 billones —lo que según el Banco Mundial equivale al doble del producto doméstico bruto de todos los países de la África sub-Sahariana, y es mayor que el ingreso total anual de la mitad más pobre del planeta.

Sí, leíste correctamente. Hay 793 personas que poseen más riqueza que otras tres mil millones personas.

¿Qué es lo que *hace* esta pequeña elite para tener más que los demás? La respuesta a esta pregunta es de hecho más exasperante.

Consideremos a uno de ellos: Stephen Schwarzman, el ejecutivo mejor pagado en los Estados Unidos en el 2008, y en el 2009 en el puesto 50 en la lista *Forbes* de los 400 americanos más ricos. En el 2008, Schwarzman ganó $702 millones como cabeza del Blackstone Group, una empresa de inversiones en Wall Street —la mayor parte como ganancia bursátil en un negocio hecho antes de que Blackstone entrara en la bolsa de valores el año anterior.

¿Qué es lo que Blackstone produce para necesitar recompensar tan generosamente a su más alto ejecutivo? Blackstone es un líder mundial en inversiones de capital privado, y fue pionero en la estrategia de la toma de corporaciones. La idea es que un grupo inversionista se traga y compra el control de una compañía, saca préstamos enormes para financiar la compra, reestructura las operaciones para cortar costos y liberar dinero efectivo, para luego revender la compañía, pagar la deuda y embolsar con una gran ganancia. Es el principio básico de comprar barato y vender caro, pero la clave está en el préstamo, o lo que Wall Street llama "la palanca". Si obtienes control de una compañía con sólo depositar una fracción de su precio de venta, entonces tu tasa de ganancia sobre la inversión original se multiplica. (Bain Capital, la empresa que lideró Mitt Romney, funciona de manera precisamente igual.)

Blackstone ha diversificado sus operaciones. Negocia con bienes raíces y maneja algunos fondos de inversiones. Pero éstas tienen algo en común con el negocio principal de Blackstone: no contribuyen nada de valor a la economía o a la sociedad. Blackstone no crea nuevos negocios, ni desarrolla productos innovadores. Su principal actividad es ser un parásito ambulante. Compra compañías existentes, les chupa la sangre y se deshace de ellas lo más rápido posible. Empresas como Blackstone son el equivalente financiero de las plagas de langostas bíblicas descendiendo sobre las cosechas, devorándolas y marchándose.

El negocio de langostas ha sido bueno para Stephen Schwarzman. Vive en lujo y esplendor en un apartamento de 35 habitaciones en Park Avenue, en Manhattan, que una vez perteneció a John D. Rockefeller, y que compró en mayo del 2000 por $37 millones. Los fines de semana, dependiendo de la temporada del año, los pasa en su mansión sobre ocho acres en los Hamptons, o en otra mansión estilo colonial británico, de 1.200 metros cuadrados, en una finca privada en Palm Beach, Florida. Además posee una casa en la playa en Jamaica, pero Schwarzman dice que quiere dejar esa para el uso de sus hijos.

"Amo las casas", Schwarzman le dijo a un reportero. "Yo no sé por qué." Probablemente la mayoría de las cien mil personas sin hogar en cualquier noche en la ciudad de Nueva York dirían lo mismo. Pero ellos sí sabrían por qué.

Cuando Schwarzman cumplió los sesenta años de edad, en febrero del 2007, hizo una fiesta. ¡Vaya fiesta! Por supuesto, digna de un hombre de grandes logros. Alquiló la espaciosa Armería de Park Avenue y gastó hasta $3 millones para transformarla en una gigantesca réplica de su lujoso apartamento en Manhattan. Los invitados —entre ellos los gobernadores de New Jersey y New York, el repugnante magnate de bienes raíces Donald Trump y naturalmente docenas de parásitos colegas de Schwarzman en Wall Street— cenaron con langosta, filete miñón y para el postre glace au four, y gozaron (si tal cosa es posible) un concierto privado con Rod Stewart.

Esa noche Schwarzman derrochó más dinero de lo que 163 familias de Nueva York viviendo en el umbral de la pobreza —el destino de uno de cada cinco residentes de la ciudad que Stephen Schwarzman llama su residencia— verán en un año entero.

¿Cómo se puede justificar esto? Un hombre, cuya dedicación diaria ha sido manipular el trabajo, propiedad y riqueza de otros para su propio provecho, vive en un mundo de inimaginable privilegio y poder, donde puede satisfacer cualquier antojo. Y a su alrededor otro mundo, en el que millones de personas trabajan toda su vida con supremo esfuerzo para apenas sobrevivir, y nunca acumulan ni siquiera una fracción de lo que él gasta en una fiesta de cumpleaños.

Esta torcida realidad se repite a través de la sociedad capitalista. El sistema que hizo multimillonario a Stephen Schwarzman por sus *habilidades* como parásito financiero es el mismo que rescató a sus compinches en Wall Street con un salvavidas de miles de millones por parte del gobierno, y es el mismo sistema que asigna cientos de miles de millones de dólares a una maquinaria bélica que hace la guerra por petróleo, o por cualquier cosa que sirva los intereses de la élite en el poder.

A veces las discusiones sobre la riqueza y las finanzas pueden parecer de otro mundo —abarcando cuentas de dinero tan enormes que son difíciles de comprender. Pero las consecuencias del capitalismo son mucho mas concretas.

Las decenas de millones que Stephen Schwarzman gastó en su mansión en los Hamptons son dinero que miles de trabajadores no recibieron, porque fueron despedidos luego de la toma y control por Blackstone de la empresa en que trabajaban. Los miles de millones que el gobierno estadounidense dio a los bancos de Wall Street es dinero que no puede ser usado para expandir los programas de ayuda alimenticia o para reconstruir ruinosas escuelas. Los cientos de miles de millones asignados al Pentágono cada año es dinero que no se destinará para combatir el SIDA en la África sub-Sahariana.

Desde la perspectiva de alguien que busca justicia en el mundo, esto es dinero robado —sencilla y llanamente. Una gran parte de la inmensa riqueza producida en el mundo es continuamente robada para hacer más ricos a los ricos y todavía más poderosos a los poderosos.

Como escribió John Steinbeck en su novela *Las uvas de la ira* (*The Grapes of Wrath*) durante la Gran Depresión de los años treinta del siglo veinte:

> Existe un crimen aquí que va más allá de la denuncia. Hay un dolor aquí que el llanto no puede simbolizar. Hay un fracaso aquí que derriba todos nuestros logros. La fértil tierra, las rectas líneas de árboles, los fuertes troncos, y la fruta madura. Y los niños muriendo de pelagra tienen que morir porque una ganancia no puede ser obtenida de una naranja.

El propósito del socialismo, expresado simplemente, sería detener este robo.

El socialismo se basa en unos pocos principios claros. Los vastos recursos del mundo deben ser usados, no para aumentar las riquezas de unos cuantos parásitos, sino para erradicar para siempre la pobreza, la falta de viviendas y toda otra forma de escasez. En lugar de combatir en guerras que fortalecen el poder de una ínfima clase dominante en las altas esferas, la gran mayoría obrera de la sociedad debe cooperar en el proyecto de crear un mundo de abundancia. Las decisiones importantes no deben ser dejadas en manos de los ricos o en las que son controladas por los ricos, sino que deben hacerse por todos en participación democrática. En vez de un sistema que destruye nuestras esperanzas y nuestros sueños, podemos vivir en un mundo donde controlamos nuestras propias vidas.

La lucha por un nuevo mundo

El capitalismo es la fuente de la pobreza, la guerra y toda una serie de otros males. Pero también produce algo más: resistencia.

En el último cuarto del siglo XX, la teología del capitalismo —

con su adoración al libre mercado y la demonización de un "gobierno grande"— imperó en los Estados Unidos, y a través de las presidencias demócratas y republicanas. Pero la crisis económica y política que comenzó durante los años de Bush hijo, y que se aceleró en los años de Obama, ha expuesto el lado oscuro del sistema.

En la película de Michael Moore, *Capitalismo: Un cuento de amor* (*Capitalism: A Love Story*), el hombre que perdió su casa y granja en Illinois, cuando fue ejecutada su hipoteca, habla por muchos diciendo: "Tiene que haber algún tipo de rebelión de la gente que no tiene nada contra la gente que lo tiene todo".

Alrededor del mundo, este sentimiento ha sido el combustible de los alzamientos sociales. En Islandia, donde la crisis financiera pasó a convertirse en una crisis política en el 2009, las masas de gente, enfrentándose al gas lacrimógeno y a la policía, invadieron el edificio de Parlamento más viejo del mundo, sacaron el establecimiento político del gobierno y llevaron al poder a una coalición centro-izquierdista de verdes y socialdemócratas, poniendo al frente del gobierno, por primera vez en el mundo, a una mujer abiertamente lesbiana. En Bolivia, manifestaciones insurreccionales derrocaron al gobierno respaldado por los Estados Unidos y abrieron las puertas para una nueva etapa en la lucha. En Irán, el robo de la elección presidencial en el 2009 provocó masivas demostraciones. Y estos son sólo algunos ejemplos entre tantos otros.

En los Estados Unidos no se han visto revueltas de esta magnitud. Pero tampoco ha mantenido silencio el pueblo. Por ejemplo, para millones de personas el entusiasmo por la victoria de Barack Obama en noviembre del 2008 fue empañado por el éxito de la Proposición 8 en California —que eliminó el derecho al matrimonio para parejas del mismo sexo. Pero la aprobación de la Proposición 8 desencadenó una explosión de protestas, comenzando la misma noche de la elección, que creció durante las semanas y los meses que siguieron. Lejos de desmoralizarse, una nueva generación de activistas LGBT (lesbianas, homosexuales, bisexuales y transgénero) adoptaron el mensaje de campaña de Obama, "Sí se puede" —a su vez tomado del movimiento por los derechos de los inmigrantes.

Hay otras chispas en el aire. En California, a comienzos del nuevo año escolar del 2009, severos recortes presupuestarios encendieron una ola de demostraciones cuando estudiantes, maestros, facultativos y la comunidad se juntaron para demostrar su oposición a los recortes y defender la educación pública. Varias semanas después de la elección del 2008, el movimiento obrero se electrificó con la ocupación de la fábrica de puertas y ventanas Republic Windows & Doors en Chicago, donde los obreros no sólo lograron ganar un paquete de indemnización por despido, al cual tenían derecho, sino que también lograron mantener la planta abierta. Otras manifestaciones siguieron: Plantones[3] en las salas de audiencia de los comités del Senado protestando la traición de la reforma de salud. Días de acción para detener la ejecución de hombres inocentes. Desobediencia civil contra compañías de carbón que contaminan los Apalaches. Y más.

Tales luchas forman parte de una rica historia de oposición a la desigualdad y la injusticia que, como las del pasado, enfrentan el

---

3 "Sit-ins", "plantones", son una forma de protesta donde los manifestantes se sientan en su lugar de protesta y rehusan moverse hasta que sus gravámenes sean escuchados y atendidos, o hasta que son removidos por la policía, usualmente sin que el manifestante ofrezca resistencia otra que su propio peso.

mismo mensaje de los poderosos —y a veces dentro de sus propias filas: *Espera. Sé paciente. No seas tan radical. Sé realista.*

Barney Frank parece haberse autoseleccionado portavoz de estas voces en la era de Obama. Frank es veterano congresista de Massachusetts, el primer legislador abiertamente homosexual y una de las figuras del ala liberal del Partido Demócrata más conocidas. Durante la administración de George W. Bush, él habló en contra de la política de las guerras, los chivos expiatorios y las rebajas de impuestos para los súper ricos. Y habló apasionadamente a favor de lo necesario para acabar con la tiranía de la derecha republicana: elegir una mayoría demócrata en las Cámaras del Congreso y poner a un demócrata en la Casa Blanca.

El día de las elecciones del 2008, Frank obtuvo su deseo. Pero su pasión de cambio pareció haberse enfriado. En un discurso de graduación de la Universidad Americana en Washington en el 2009, Frank aconsejó "pragmatismo", no "idealismo", para estos tiempos. Al olvido con cambiar el mundo. "Tendréis que conformaos", dijo él, "con haber hecho las malas situaciones un poquito mejor".

Pero parece justo preguntarnos, ¿dónde ha llevado el "pragmatismo" a Barney Frank? Como el líder demócrata en la cámara baja a cargo de legislación del rescate económico de Wall Street, Frank "pragmáticamente" diseñó el regalo de cientos de miles de millones de dólares de los contribuyentes a los bancos, mientras que el ciudadano común perdiendo su hogar no tuvo ayuda alguna. Frank "pragmáticamente" votó para financiar la escalada de la guerra en Afganistán propuesta por la administración Obama. Frank "realística y pragmáticamente" decidió que la igualdad en el matrimonio, la revocación de la política militar de "No preguntes. No digas", y toda promesa hecha a la comunidad LGBT durante la campaña presidencial, debía ahora esperar.

Los ideales, dijo Frank a los graduados de la Universidad Americana, "nunca alimentaron a un niño hambriento, nunca limpiaron un río contaminado, nunca construyeron una carretera que haya llevado gente a algún lugar . . . El idealismo sin pragmatismo es solo un modo de halagar el ego."

Pero de hecho, es todo lo contrario. No son los ideales los que nunca alimentaron un niño hambriento. Es ser pragmático lo que roba el dinero que podría usarse para alimentar niños hambrientos, para dárselo a los bancos. El pragmatismo no sólo no limpia un río contaminado, sino que lo llena con más basura.

Hay otro punto aún más importante que es necesario señalar aquí. Un ideal —la esperanza de que algo pueda ser diferente en la sociedad y la determinación de actuar para hacerlo diferente— es el primer ingrediente de cualquier gran movimiento social.

Si tú fueras Rosa Parks, en Montgomery, Alabama, en 1955, y se te ordenase levantarte y dar tu asiento a un hombre blanco, lo pragmático hubiera sido ceder tu asiento, ¿verdad?, porque realísticamente, ¿qué puede hacer una mujer para detener la segregación racial? Pero precisamente porque personas como Rosa Parks, y miles otros, han tomado acción —no pragmática y no realista— es que cambiaron el curso de la historia.

El compromiso de actuar —de organizar, de agitar y persuadir, de peticionar, de protestar y de piquetear— es el primer paso crítico en el camino al cambio. Vivimos en un mundo que necesita cambio urgente, y lo que nosotros hagamos para lograr ese cambio es sumamente importante.

CAPÍTULO UNO

Por qué no funciona el capitalismo

De acuerdo a la Declaración de Independencia de los Estados Unidos de América, todos los hombres son creados iguales. Pero cuando se trata de la vida, la libertad y la búsqueda de la felicidad, resulta que —para parafrasear a George Orwell en *Rebelión en la granja*— algunos americanos son más iguales que otros.

A fines del 2008, con Wall Street al borde del colapso luego de la burbuja de bienes raíces y el fracaso de algunos de los bancos más grandes de los Estados Unidos y del extranjero, el Congreso y la administración Bush acordaron un rescate económico de $700 mil millones para salvar el sistema financiero. Esa fue una cuenta inmensa —$2.300 por cada hombre, mujer y niño en el país— pero aun así, solamente una pequeña fracción de la exorbitante cuenta que el gobierno federal terminó invirtiendo en el rescate.

Los bancos de Wall Street eran "demasiado grandes para dejarlos fallar" —no el mismo trato que reciben los estadounidenses comunes y corrientes cuando ellos enfrentan problemas financieros. Millones de personas tienen "malas deudas" en sus cuentas y pueden ser desalojados de sus casas por ello; pero el gobierno federal hace muy poco o nada al respecto. Bajo el celebrado programa Haciendo un Hogar Accesible de la administración Obama, cerca de 30.000 dueños de hogares lograron una modificación permanente de sus préstamos para fines del 2009 —cerca del 4 por ciento de los tres cuartos de millón de personas que solicitaron una modificación con la esperanza de evitar la desposesión. En otras palabras, sólo un poco mejor de que si no hubiese habido ayuda alguna.

La derecha alega que estos dueños de hogares causaron sus propios problemas. "Por cada prestamista depredador que anda por ahí", aleccionaba la comentarista Michelle Malkin, "puedes encontrar un deudor depredador . . . que obtuvo financiamiento y compró una casa que sabía no podía pagar, con muy poco dinero de pie y con una falsa, o sin alguna, verificación de ingresos." Los comentaristas liberales tienden a dividir la culpa entre el sistema financiero, por promover la burbuja de bienes raíces, y los consumidores, por "vivir mas allá de sus medios".

Pero cuando miras la pesadilla que se apoderó de los últimos años de vida de Addie Polk, es difícil no verla como una víctima, presa de los poderosos intereses corporativos que la privaron de lo poco de valor que le quedaba, y luego la arrojaron a la calle.

Addie y su esposo compraron una casa en Akron, Ohio, en 1970, y terminaron de pagarla en 1982, justo antes de jubilarse. Pero durante la década del 2000, Addie, ya viuda y sufriendo de varios problemas de salud, hipotecó su casa para solucionar dificultades económicas.

La buena gente de Countryside Home Loans estuvo presta a ayudarle. A la edad de 86 años, Addie Polk firmó una hipoteca de $45.620 por treinta años y tomó una línea de crédito de $11.380.

Luego comenzó a fallar en los pagos de la hipoteca. En el 2007, Fannie Mae (una compañía de bienes raíces respaldada por el gobierno) adquirió el préstamo y comenzó los procedimientos para reposeer la casa. En el 1° de octubre del 2008, oficiales de la oficina del alguacil llegaron a la casa a notificar el desalojo cuando oyeron disparos. Usando una escalera, un vecino logró entrar por una ventana del segundo piso, donde encontró a Addie inconsciente en su cama con dos disparos en el pecho. Rápidamente fue trasladada al hospital, con pocas señales de vida, pero luego de seis meses Addie murió.

Al parecer, el intento de suicidio de una mujer nonagenaria fue suficiente para ablandar el corazón de los ejecutivos de Fannie Mae, quienes condonaron el préstamo. Pero Addie Polk fue una entre muchos. "Hay mucha gente como la señora Polk ahora mismo", dijo a CNN el presidente del concejo de la ciudad de Akron, Marco Sommerville.

Countrywide Financial, cuya división de préstamos otorgó la hipoteca a Addie Polk, también fue sólo una entre muchas: cientos de agentes de bienes raíces y prestamistas como Countrywide, bancos que compraron hipotecas y bancos de inversiones que las recompraban y las revendían para hacer una ganancia rápida. Todos ellos sacaron provecho dándole impulso a la burbuja de bienes raíces. Había tanto dinero que ganar en pagos, comisiones, intereses, venta de bonos, manejo de carteras de inversiones, y sume y siga.

Aún así el fundador de Countrywide y exgerente general Angelo Mozilo se distingue como una persona particularmente repugnante.

Como ejecutivo de cualquier gran corporación financiera, Mozilo vestía trajes de mil dólares, vivía en palacetes y tenía una flota de Rolls Royce y otros carros de lujo. Hizo una fortuna vendiendo sus propias acciones de Countrywide cuando la compañía iba derecho a la quiebra. Y cuando Countrywide fue vendida a Bank of America, Mozilo agarró un paquete de compensación de $110 millones. Bajo la luz de las cámaras, después cedió algo de su colchón dorado, pero como quiera, obtuvo miles de millones sólo por salir por la puerta.

Pero Mozilo realmente sobresalió por su forma agresiva y ruda de victimizar a la gente como Addie Polk. Él fue el dínamo detrás del meteórico éxito de Countrywide, llegando a ser la mayor prestamista de bienes raíces del país para la entrada del milenio. Empujó a la compañía a dirigir a sus clientes hacia los préstamos que le dieran mayor ganancia. Dado a la estructura de salarios en Countrywide, los agentes lucraban más si lograban que sus clientes firmaran por préstamos preferenciales, de alto riesgo, en vez de préstamos convencionales. Para Mozilo, no hubo duda de que la promesa de bajos pagos iniciales atraería a los futuros dueños de casa hacia una hipoteca con trampas ocultas.

Ni esperar alguna humildad del hombre: ahora Mozilo insiste que él y su fracasada empresa fueron víctimas de "fuerzas económicas más allá de nuestro control". Y no es que fueran fuerzas económicas anónimas. En una conferencia auspiciada por el Instituto Milken —apropiadamente nombrado en reconocimiento del rey de los bonos chatarra de los años 80 Michael King, condenado por fraude financiero— Mozilo explicó que Countrywide fue forzada a promover los préstamos riesgosos y altamente lucrativos porque la industria prestamista estaba recibiendo una fuerte presión de los grupos defensores de los derechos civiles para prestar más a miembros de las minorías raciales.

Mozilo fue al menos forzado a salir de la junta de directores de la corporación. Pero para muchos de sus cómplices en el crimen de Countrywide todo siguió como si nada hubiese pasado, y recibieron su bono de fin de año en el 2008, a pesar de la debacle de Wall Street y la peor crisis económica desde la Gran Depresión.

Merrill Lynch, que como Countrywide había sido absorbido por Bank of América, y el súper banco Citigroup tuvieron una pérdida combinada de $55 mil millones en el 2008. Pero estuvieron entre nueve enormes bancos que pagaron más de $32 mil millones en bonos a sus ejecutivos mientras asían un total de $175 mil millones en ayuda gubernamental, de acuerdo a un análisis de la oficina del fiscal general del estado de New York, Andrew Cuomo. Citigroup y Merrill, a pesar de sus catastróficas pérdidas, fueron responsables de más de un cuarto del carnaval de bonos.

Hechos como estos hacen surgir una pregunta: ¿por qué Addie Polk sintió que no tenía donde acudir cuando el gobierno de Estados Unidos dispuso miles de millones de dólares para ayudar a Citigroup y Bank of America?

No existe otra respuesta que ésta: Porque el sistema de libre mercado que causó la crisis financiera está organizado para que unos pocos mantengan y expandan su riqueza, mientras que el resto de nosotros paga. Porque el capitalismo está diseñado sobre el principio de que unos cuantos, como Angelo Mozilo, merecen ser inimaginablemente ricos, mientras que la vida y los sueños de gente como Addie Polk . . . bueno, no cuentan.

Las prioridades torcidas del sistema

Imagina que entras a un casino donde hay varios juegos de azar que no entiendes, y donde las reglas se hacen a la marcha. Te dejan apostar —incluso sobre la apuesta misma— más dinero del que puedes acarrear, el que no es tuyo sino de otros. Pierdes. Bancarrota —no para ti, sino para quienes creyeron cuando dijiste que pondrías su dinero a trabajar.

Si fueras tú, tu más seguro destino es la cárcel, ¿no? Ah, pero ¡es que no eres un ejecutivo en Wall Street! En el mundo de las grandes finanzas, cuando pierdes, el gobierno federal interviene para garantizar las pérdidas tuyas, no las de los que estafaste. Te permite mantener tu jugoso ingreso, tu bien ganado bono y algunas otras prebendas. Y luego eres invitado a trabajar para el gobierno en preparar el "rescate" económico.

Esto fue básicamente lo que ha ocurrido en el sistema financiero por más de dos décadas. En este tiempo, Wall Street tuvo una explosión de juego de azar de alto riesgo en unos mercados inmensamente complicados, muy apartados de la economía real de producción de bienes y servicios.

Cuando la burbuja explotó, el casino financiero quebró. Nadie hizo muchas preguntas porque el dinero era tan dulce —tanto para el que promovía préstamos hipotecarios de alto riesgo y amasó la fortuna, como para los especuladores que la invirtieron en valores extremadamente complejos, o para aquel en el medio colectando cuotas por las compras y las ventas. Los principales causantes — Citigroup, Goldman Sachs y el resto— fueron demasiado grandes para caer y fueron avalados por el gobierno.

Es fácil perderse en la maraña de detalles, las transacciones y la increíble avaricia de los jugadores mismos. Pero lo que vale la pena indagar es ¿por qué, en primer lugar, las cosas ocurren de esta manera?

Nadie puede posiblemente argumentar que la burbuja financiera contribuyó en algo al bienestar social. La explicación en el texto del curso básico de economía —que los mercados financieros, como la bolsa de valores, ayudan a canalizar la riqueza hacia valiosas oportunidades de inversión— ya no cuaja. Todo el esquema de valores respaldados por hipotecas, obligaciones de deudas colaterales, intercambios de cuentas de crédito morosas y todos las demás juegos de esta última burbuja Wall Street, estuvo enfocado en una cosa: hacer increíblemente rica a una diminuta élite.

El periodista de *Rolling Stone* Matt Taibbi señaló acertadamente a la socialmente inútil yaga de Wall Street cuando comparó el gigantesco Goldman Sachs Bank a "un gran pulpo vampiro enredado en la cara de la humanidad, continuamente espetando su sangriento aguijón en cualquier cosa que huela a dinero". Es imposible ver la gula financiera mundial como otra cosa que un robo astronómico de dinero que pudo haber sido usado para satisfacer necesidades de la sociedad en todo el mundo.

Lo que es cierto de Wall Street es cierto del capitalismo en general. El sistema de libre comercio está organizado de una manera completamente ajena a la meta de suplir las necesidades de la gran mayoría.

Esto es obvio con solo mirar el asunto político que dominó el primer año de la presidencia de Barack Obama: la reforma de salud. Cuando las discusiones acerca de una nueva ley para el sistema de salud comenzaron, Obama se comprometió a trabajar con la industria para asegurarse de que la propuesta final para el "plan de salud universal" representara a "todas las partes". Pero desde el comienzo, el problema fue que el mero interés de la industria es *limitar* el servicio de salud, no hacerlo universal. Para las aseguradoras, la fórmula es sencilla, la entrada de primas e inversiones debe ser más de lo que sale en pagos de pólizas. Eso quiere decir que el primer interés de las aseguradoras no es asegurar que su cliente esté cubierto, sino limitar el acceso a la salud para asegurar las ganancias.

Igualmente, para las corporaciones farmacéuticas la más alta prioridad no es distribuir sus productos a quien los necesite, sino a quien pueda pagar por ellos —de una manera u otra. Por ejemplo, estas corporaciones, haciendo uso de una investigación científica desarrollada con ayuda del gobierno, comenzaron a producir medicamentos que combaten el SIDA con más eficacia. Pero estas drogas no llegaban a los lugares de mayor pobreza en el mundo, donde más se las necesita, porque los pacientes no podían pagar los grotescos precios que las farmacéuticas demandan. Eventualmente, con los barones de la finanza internacional, estos lores de la droga llegaron a un acuerdo para proteger sus patentes y ganancias a cambio de una más amplia distribución. Aun así, de acuerdo a un informe de las Naciones Unidas del 2008, el 70 por ciento de las víctimas del SIDA alrededor del mundo no tienen acceso a los medicamentos que podrían salvar sus vidas.

El motivo del provecho en el sistema de salud privatizado es origen de todas las historias de horror que pululan el sistema de la atención de la salud. En el 2006, Stacy Grondin, supervisora en una tienda almacén en Nashville, Tennessee, sufrió un episodio de acelerada arritmia cardíaca. Temiendo un ataque al corazón, la llevaron en ambulancia a la sala de emergencia de un hospital. Problema: Stacy no tenía un plan de ambulancia, o de visita a una sala de emergencia, preaprobado por la compañía de seguros. Ella terminó pagando mil dólares cuando la compañía denegó su póliza.

Stacy todavía estaba pagando una deuda médica por el cuidado de su hija Emily, de nueve años, que había sido víctima de un accidente automovilístico en el 2003. El papá de Emily cumplía una sentencia en prisión por ese accidente, así que Stacy tuvo que hacerse responsable de más de $2.000 en costos médicos no cubiertos por la aseguradora. "Cuando vi la cuenta por primera vez," dijo Stacy a un periodista en Tennessee, "me dio rabia, porque yo estaba pagando por un seguro que apenas usaba. Y entonces, cuando lo necesitas, apenas te sirve."

En términos de tecnología y recursos, los Estados Unidos tiene el sistema de salud más avanzado del mundo. Pero en términos del cuidado de la salud de la familia obrera, es una fuente de crónica incertidumbre, y de una cruda pesadilla cuando alguien se enferma. Para muchos de los que más los necesitan, los medicamentos y tratamientos que pueden mejorar y aumentar la vida, la salud y la propia plenitud están más allá de su alcance, debido a una desconcertante gama de restricciones impuestas en el interés del lucro.

El sistema de salud ilustra algo que caracteriza el capitalismo más generalmente. La sed de ganancias trastoca cada aspecto de un sistema que debiera suplir lo que la gente necesita para sobrevivir. Los fracasos del libre mercado no son un accidente, sino inevitables resultados de cómo funciona el capitalismo.

En teoría, el mercado libre "funciona" según a la ley de la oferta y la demanda, ¿no? Esto permite a los que controlan qué y cómo producir hacer sus decisiones basado en lo qué la gente compra; así, los consumidores usan sus dólares como un "voto", y los empresarios compiten por proveer el producto que los consumidores "votan".

Eso en teoría, ¿pero qué pasa si no tienes dinero? ¿No tienes voto? Tu poder de demanda sería nulo. La industria no sabría qué producir para ti. Para que todos se beneficiaran de un sistema, ¿no tendría que haber también una aceptable paridad en el poder de compra? Este es un problema para la teoría, porque el mundo real es muy distinto; miles de millones no tienen con qué "votar", mientras unos pocos tienen mucho y acumulan los "votos". Para no sorpresa, en todo —de qué y cómo producir hasta quién se sienta en el poder— el sistema favorece la prioridad de los últimos.

El resultado: industrias enteras están dedicadas a productos y servicios que son un desperdicio. Consideremos el negocio de la mentira —el mercadeo, la publicidad. A muy pocos les importa la diferencia entre Sprite y Sierra Mist, pero para los dueños y ejecutivos de las compañías que las hacen esto es importantísimo —sus ganancias dependen de ello. Por eso gastan muchísimo dinero tratando de convencer a la gente a que compren su producto. Las empresas pagaron sobre $3 millones por un anuncio de 30 segundos durante el Super Bowl del 2010; la transmisión de un anuncio costó más de lo que gana el chofer de un camión distribuyendo sodas en toda su vida.

Y el mercadeo es una de las formas menos dañinas de desperdicio. Los gobiernos alrededor del mundo gastan más de un billón cada año en mejorar sus habilidades para la guerra. El presupuesto militar de los Estados Unidos para el 2010 fue de $663.8 miles de millones —incluyendo las guerras y ocupaciones en nombre de la "guerra contra el terrorismo". Casi lo mismo gastaron los ejércitos combinados del resto del mundo.

El derroche en el Pentágono es obsceno, pero muestra cuales son las prioridades del gobierno de los Estados Unidos. Su programa de armas nucleares costó más de $52 miles de millones en el 2008, siete y media veces más de lo que el gobierno invirtió en el programa de educación parvularia Head Start, para niños de bajos ingresos y sus familias. A dos décadas del colapso de la Unión Soviética y el fin de la guerra fría, todavía cierne sobre nosotros la amenaza de la aniquilación nuclear, y también la de una magra educación al umbral de un incierto futuro para nuestros hijos.

Y el escenario lamentable no se limita a la guerra. Cotidianamente, el capitalismo ha causado daños desastrosos en el ambiente, y los terribles síntomas de un fatídico futuro ya se dejan sentir hoy. Con excepción de algunos "expertos" en la nómina de la industria de la energía, la comunidad científica ha casi unánimemente confirmado que la contaminación resultante de la quema de combustibles fósiles —carbón, petróleo y otros— está causando el calentamiento global. A menos que la cantidad de carbón en la atmósfera sea reducida drástica y rápidamente, las consecuencias serán trágicas: inundaciones generalizadas, la expansión de las enfermedades tropicales, severas sequías y duros cambios climáticos.

Muchas personas creyeron que la administración Obama —que contrario a las anteriores, reconoce la realidad del calentamiento— tomaría medidas contundentes sobre el asunto. Pero el primer intento de los demócratas por pasar una legislación ambiental fue una debilitada media-medida que dio a los contaminadores los medios para negociar su "derecho" a contaminar. Aunque el sistema de "cuotas y comercio" funcionara de acuerdo a lo promovido —lo cual es dudoso a la vista de muchos ambientalistas— la reducción en la emisión de carbón en los Estados Unidos seguiría muy por debajo de lo necesario para reducir el calentamiento global.

El comportamiento de la administración Obama en la cumbre internacional sobre el cambio climático del 2009 en Copenhague, Dinamarca, fue aún más decepcionante. Los científicos estiman que las emisiones de carbón de los países que más contaminan, como los Estados Unidos, deben ser reducidas por lo menos un 40 por ciento para el año 2020, si queremos evitar un desastre climático. El equipo de Obama llego a Copenhague ofreciendo una reducción de un 4 por ciento para el 2020, y trabajó con Gran Bretaña para debilitar las medidas que habrían ayudado a los países más pobres a reducir su contaminación. Y cuando las conversaciones en Copenhague estaban a punto de fracasar, Obama personalmente empujó un "acuerdo" que dejó atrás las actuales metas de reducción de emisiones.

Las maniobras del gobierno estadounidense en Copenhague fueron horrorosas, pero no estuvo solo —todos los otros gobiernos de países poderosos se sentaron a tocar su lira mientras el mundo, literalmente, arde. La perversa realidad es que cada gobierno debe velar primero por los intereses de sus propias corporaciones. Por eso, para ellos lo prioritario es bloquear cualquier medida que tendría un impacto real, por miedo a que sus negocios salgan perdiendo. Una sociedad racional hubiera hace mucho tiempo tomado medidas para detener el calentamiento global, pero en la nuestra, la contaminación es lucrativa —aun cuando eso signifique la irreversible devastación del ambiente.

Ésta es la locura del libre mercado. El capitalismo hace una cosa muy bien: proteger e incrementar la riqueza de aquellos al tope de la sociedad a corto plazo. Pero satisfacer las necesidades del resto de nosotros, eso es secundario. Para producir para la sobrevivencia y bienestar de todos, para proteger el ambiente o para construir una sociedad de igualdad y libertad, el sistema capitalista es inservible.

Los que tienen y los que no

Desde luego nada de esto es accidental. La tajada del león en el presupuesto discrecional del gobierno estadounidense se la lleva las fuerzas armadas porque un puñado de individuos lucra de este esquema. Los servicios de salud son racionados porque así sacan provecho las compañías que los poseen. Y el grueso de la riqueza de la sociedad entera es apostado en la especulación financiera, no invertido productivamente, por el mero placer de la ganancia inmediata para la élite que lo controla.

Cada vez que los socialistas señalamos este punto, los defensores del sistema están prestos a responder: "Eso no es más que una teoría de conspiración."

De hecho, las conspiraciones son un quehacer diario en las corporaciones. Ahí está Bernie Madoff, quien fue arrestado en diciembre del 2008 por estafar a los inversionistas por casi $50 mil millones. Madoff alegaba estar invirtiendo el dinero para el beneficio de la gente que se lo encargó, pero en realidad estaba operando una de las más antiguas estafas, conocido en los Estados Unidos como el "esquema de Ponzi": las superganancias que sus clientes tanto amaban eran en realidad dinero que Madoff tomaba de la entrada de los nuevos inversionistas.

Las conspiraciones existen en el capitalismo, y son bien comunes, pero el capitalismo no depende de ellas. Los crímenes de Bernie Madoff pueden parecer lejanos al resto de la economía diaria, donde los bienes y servicios reales son producidos en fábricas y otros lugares de trabajo. Pero hay un paralelo, un robo perfectamente legal, menos espectacular y más lucrativo, que ocurre literalmente miles de millones de veces al día en todo el mundo.

Bajo el capitalismo, la pequeña clase de gente al tope posee y controla lo que Karl Marx llamó "los medios de producción", es decir, las fábricas, las oficinas, la tierra, la maquinaria, los medios de transporte y todo lo demás que es necesario para elaborar productos útiles. Estos dueños no hacen nada por sí mismos, sino que contratan grandes números de personas para hacer el trabajo de producir o de proveer bienes y servicios. Sin este trabajo, el petróleo permanecería sumergido, no se construirían vehículos, los pacientes no recibirían tratamiento —y la riqueza de aquellos pocos no existiría.

Por su labor, los trabajadores supuestamente obtienen "un salario justo por un día de trabajo justo". Pero nada de justo hay en que hasta los obreros con los mejores salarios no reciban el valor completo de lo que trabajan. La gente trabajadora obtiene mucho menos de lo que produce, porque los patrones sacan más provecho si mantienen los costos laborales bajos y, sobre todo, porque tienen el derecho de reemplazar sus empleados con otros que estén dispuestos a trabajar por menos.

Mientras tanto, los empleadores se quedan con lo que sobra luego de pagar salarios y otros costos de producción. Según los textos de economía, esta ganancia es una justa recompensa por el "riesgo" de invertir. Pero no hay control en cuanto al tamaño de las ganancias. Así que por una compañía que hace un 10 por ciento de ganancia cada año, sus dueños recobran la inversión en diez años. Si realmente esto fuera una recompensa por "arriesgar" su dinero, las ganancias deberían detenerse en este punto, cuando los capitalistas han recobrado su inversión. Pero, de hecho, los buenos están mucho mejor después de diez años —todavía poseen su inversión original, así como la ganancia acumulada. Después de diez años, ¿están los obreros que emplearon igual de bien? Ni cerca.

Mirando cómo funciona el sistema a través del tiempo nos ayuda a develar una realidad que no es aparente a primera vista. La riqueza de esta pequeña élite en la cima de la sociedad —no sólo el dinero en sus cuentas de banco, sino también las fábricas, la tierra y otros activos que poseen— no son el resultado de algo que ellos hayan aportado, sino de lo que *adueñan*. Cuando un caso como el de Bernie Madoff queda expuesto, siempre surgen llantos y lamentos por la inmoralidad de riquezas mal apropiadas, obscureciendo el crimen mayor intrínseco al sistema. El capitalismo está construido alrededor del robo organizado —el robo de una parte del valor de lo que los trabajadores producen por parte de aquellos que los emplean.

Uno de los argumentos más comunes en defensa del capitalismo es que los ricos merecen su riqueza. Bill Gates de Microsoft, con una riqueza valorada en $50 mil millones de acuerdo a la lista de los americanos más ricos del 2009 de la revista *Forbes*, es el ejemplo favorito, tal vez porque él mismo lanzó la empresa que lo hizo rico.

Pero podríamos preguntar: ¿es la contribución de Gates tan importante para la humanidad para que él merezca ser dos millones de veces más rico que cualquier otro? ¿Gozar un par de miles de veces más riquezas que los demás no sería una recompensa más que suficiente? Pero mira un poco más de cerca, e incluso eso habría sido generoso. La compañía de Gates obtuvo control de un tipo particular de programa computacional —desarrollado principalmente por otros, no por él exclusivamente, y exitosamente mercadeado cuando el auge de las computadoras personales arrancó en los 1980. En otras palabras, tuvo suerte.

Y es así que Gates está conectado con otros ricos, "suertudos" en diferentes modos, como Jim Walton, fundador de la cadena de tiendas Wal-Mart. Walton tuvo aún más suerte: su padre falleció, dejándole a él, y a sus hermanos y hermanas, una fortuna. Jim Walton no tuvo que trabajar un solo día en su vida, pero ahora tiene más de lo que *un millón* de obreros, empleados a tiempo completo en el salario mínimo federal, tendrán en un año.

Lo cierto es que los ricos no hacen nada para merecer mucho más que el resto de nosotros. Al contrario, prácticamente no hacen nada. Ellos tienen poco o nada que ver con hacer o distribuir los productos. Bill Gates no monta, ni empaca, ni transporta, ni vende los productos de Microsoft. Ni siquiera crea programas. Gates es rico porque es el dueño. Él y sus colegas accionistas de Microsoft poseen lo medios de producir la programación de computadoras: las fábricas, las oficinas, la maquinaria, las patentes, etcétera. Esa es la fuente de su riqueza.

La pobreza entre la abundancia

Si es cierto que los ricos nunca hicieron nada para merecer ser mucho más ricos que los demás, ¿qué tal la otra parte? ¿Hizo el pobre algo para merecer ser pobre?

¿Recuerdas a Angelo Mozilo, el ex jefe ejecutivo de Countrywide? Ahora que no tiene trabajo, él podría pasar más tiempo en su casa en la playa en Montecito, California, a una hora de Los Angeles, yendo por la costa del Pacífico en automóvil. Pero si va a Santa Barbara para una cena elegante, encontrará menos estacionamientos para su lujoso carro. Esto porque Santa Barbara, a pesar de ser conocida como lugar de esparcimiento de la élite, ha tenido que separar doce estacionamientos municipales para el creciente número de familias indigentes que viven en sus vehículos.

Por tres meses en el 2008, Barbara Harvey fue una de las residentes en los estacionamientos. La ex procesadora de préstamos, de 67 años y madre de tres hijos mayores, perdió su trabajo en el 2007. "Desde entonces todo se fue al carajo", dijo Barbara a CNN. Ella encontró otro trabajo, pero de jornada parcial y a $8 por hora, lo cual no fue suficiente para pagar alquiler, terminando así entre "los sin techo" del estacionamiento de Santa Barbara. "Nunca pensé que esto me sucedería a mí", dijo ella. "Es algo que no creo que la gente piense le pueda suceder . . . pasa tan rápido, además."

Santa Barbara es apenas lo que se ve del témpano —y en varios sentidos, algo no muy representativo. En la ciudad de Akron, donde Addie Polk intentó suicidarse antes de ser desalojada, su vecindario estaba lleno de gente con problemas similares. "Ahora voy a tener una casa vacía a mi derecha y otra a mi izquierda", dijo Robert Dillon, el vecino de 62 años que rescató a Addie. "Esto no me hace sentir muy bien, porque éramos buenos vecinos."

Las estadísticas gubernamentales revelaron, a fines de la primera década del milenio, un pavoroso aumento en el nivel de pobreza como consecuencia de la crisis económica. El número de americanos viviendo bajo la línea de la pobreza —la cual fue calculada sumamente baja en comparación con lo necesario para sobrevivir en los Estados Unidos— saltó a 39.8 millones en el 2008, casi uno de cada siete personas, y eso antes de que la economía sufriera sus más grandes bajas en el empleo y el ingreso. Casi 50 millones de personas —entre ellos, casi uno de cada cuatro niños— sufrieron lo que el gobierno llama "inseguridad alimenticia" en el año 2008, un dramático aumento de 30 por ciento comparado con el anterior.

Hay muchos académicos muy bien alimentados que dirán por qué a gente como Barbara Harvey les pasó lo que pasó. "Si la gente pobre se comportara racionalmente, rara vez serían pobres en primer lugar", cacareó Lawrence Mead, profesor de ciencias políticas de la Universidad de New York, en una entrevista con el autor Jonathan Kozol. Engreídas palabras; pero entre los millones de personas con historias como la de Barbara hay muy poco de "irracional" en lo que hicieron. La única irracionalidad existe en las miserables circunstancias con las que ellos han tenido que lidiar en primer lugar.

Lo que es cierto acerca de los más vulnerables en la sociedad aplica más ampliamente. El pueblo trabajador vive vidas más duras y más difíciles, no por algo que hayan hecho, sino por lo que les han hecho y siguen haciendo.

La Oficina del Censo de los Estados Unidos reportó que el ingreso por hogar, ajustado a la inflación, se redujo un 3,6 por ciento en el 2008, y según las proyecciones del Instituto de Política Económica, la reducción para el 2009 sería del 4,5 a 5 por ciento. En otras palabras, una caída de casi 10 por ciento en el nivel de vida de las familias obreras en un lapso de un par de años —por mucho, la peor caída desde que las estadísticas sobre ingreso por hogar comenzaron a mantenerse hace cerca de medio siglo atrás.

Esta es la consecuencia de la crisis económica más profunda desde la Gran Depresión. Pero también chocante es el hecho de que esta caída viene a la cola de una década en que el ingreso de la mayoría trabajadora de Estados Unidos estuvo estancado —incluso en los años de expansión económica. Precediendo la gran caída del 2008, la mediana del ingreso familiar se redujo a una fracción del nivel del 2000, haciendo de la expansión económica del comienzo de siglo la primera en la historia en que la mediana del ingreso no aumentó.

Al contrario, todo el provecho por el auge económico fue a parar a las manos de la minoritaria élite de la sociedad. Entre los años 2002 y 2006, mientras los salarios de la clase obrera estaban estancados, el ingreso del 1 por ciento más rico aumentó en promedio 11 por ciento cada año, de acuerdo al economista Emmanuel Sáez. Al final de este período, el 10 por ciento de los americanos más ricos devengaban el 49,7 por ciento del total de los salarios, "el nivel más alto desde 1917, incluso superando 1928, el punto más alto de la burbuja del mercado de valores de los 'rugientes' años 1920", reportó Sáez.

Esto es nada más ni menos que la radical distribución de la riqueza, de los pobres y trabajadores, hacia los más ricos —y ha continuado, e incluso acelerado, bajo la administración Obama con el rescate económico dado a Wall Street.

Para lograr un robo de esta escala, los capitalistas deben explotar cada una de sus oportunidades: por ejemplo cuando la poderosa firma Brynwood Partners compró la fábrica de galletas Stella D'oro en New York, presentando a sus 136 trabajadores sindicalizados un contrato nuevo que recortaba sus salarios en un 25 por ciento, exigía el pago por el plan de salud, congelaba sus pensiones y eliminaba días feriados, vacaciones y pagos por enfermedad. Los trabajadores de Stella D'oro fueron a la huelga, y luego de once meses piqueteando, una decisión de la Junta Nacional de Relaciones Laborales forzó a la compañía a retractarse. Pero pronto los trabajadores se dieron cuenta, cuando regresaron al trabajo, que Brynwood cerraría la fábrica y movería sus operaciones al Bronx antes de aceptar un nuevo contrato.

Este tipo de atrincherado asalto es repetido en miles de lugares de trabajo en el país, sindicalizados o no, y el mismo apretón se siente en todos los aspectos de la vida entre la gente común. Por ejemplo, la educación universitaria rápidamente vuelve a ser lo que era un siglo atrás: un privilegio de los ricos. El costo de matrícula y las cuotas en las universidades de los Estados Unidos ha aumentado un 439 por ciento entre 1982 y 2007, mientras que el dinero reservado para ayuda financiera se ha secado. La única opción dejada a los estudiantes es el crédito. La deuda promedio para estudiantes graduados de programas de cuatro años en universidades privadas fue de $20.000 en el 2006, según el College Board.

Y eso fue *antes* de la crisis presupuestaria de los gobiernos estatales. En California, donde los líderes políticos aprobaron cortes presupuestarios de $15,5 mil millones en julio del 2009, la junta de regentes de la reconocida Universidad de California votó aumentar las cuotas a la carrera de estudio en un abrumador 32 por ciento para el año empezando en el otoño del 2010. La educación pública de párvulo a la secundaria fue vapuleada también. Tan pronto comenzó el año académico en el otoño del 2009, el despido de maestros en las escuelas públicas de Arizona hizo que subiera a 50 el número de estudiantes por clase. En las escuelas superiores de Los Angeles, lo normal es 42,5 estudiantes por maestro.

Para el final del 2009, "27 estados habían reducido los beneficios de salud para familias y niños de bajos ingresos; 25 estados están reduciendo la ayuda a las escuelas de párvulo a la secundaria y otros programas educativos; 34 estados han retirado ayuda a institutos y universidades estatales; 26 estados han congelado el reclutamiento de empleados; 13 estados han anunciado despidos; y 22 estados han reducido los salarios de sus trabajadores", escribió el economista izquierdista Rick Wolff, citando un estudio preparado por el Center on Budget and Policy Priorities (Centro de Prioridades y Políticas Presupuestarias).

Pero en medio de todos los recortes, a un interés especial no se le pide sacrificio. ¿Adivinas? Las corporaciones todavía disfrutan de sus generosos feriados de impuestos y otros incentivos que los estados y gobiernos locales le han otorgado para atraerlos o retenerlos. A nivel federal, la parte del ingreso proveniente de los impuestos a las corporaciones se ha reducido a por debajo del 10 por ciento, desde el 33 por ciento de hace medio siglo.

En el establecimiento, cualquiera que mencione estos datos inconvenientes en la discusión política, o peor, propone hacer algo al respecto, es acusado de usar la retórica de la "guerra de clases". Pero la verdad es que una guerra de clases ya se ha estado lidiando —unilateralmente. Warren Buffett, el segundo hombre más rico del mundo, fue por lo menos honesto cuando dijo en *NBC Nightline*: "Les diré, si hay una guerra de clases, mi clase la está ganando."

¿Y qué hay de Buffett mismo? Tiene fama de ser más liberal y generoso que sus colegas multimillonarios. George Soros, el especulador monetario, dona dinero a causas de justicia social. ¿Significa esto que a los capitalistas los podemos avergonzar para que hagan el bien? La respuesta corta es no. Individuos capitalistas podrán donar dinero a la caridad, aún algunas que ayudan a los pobres. Pero eso no cambia su rol social y económico —ni cambia el sistema.

En el 2006, Buffett prometió donar más del 80 por ciento de su fortuna —después de que estire la pata— la mayor parte de ella a la fundación filantrópica de Bill Gates. "Estamos admirados de un Buffett o un Gates," dijo impresionada la periodista del *Chicago Tribune* Julia Keller, "no sólo porque esta gente hizo tanto dinero, sino porque lo hicieron y miraron hacia tras y dieron gran parte de lo suyo a causas que ellos creyeron dignas."

Esta "admiración" no es merecida. Buffett y su clase son espectacularmente ricos —más que en cualquier momento del siglo pasado, en comparación con el resto de nosotros— porque han sido exitosos lidiando la guerra de clases, desde el lugar de trabajo al casino de Wall Street, a los pasillos del gobierno en Washington. Un individuo capitalista como Buffett podrá dar parte de su fortuna a la caridad, pero por un poco más de una parte y arriesga perder territorio frente a sus competidores. Cualquier concesión a prioridades diferentes a la de maximizar ganancia es una ventaja para el otro capitalista. En ese sentido, cada miembro de la clase capitalista —no importa su filosofía o simpatía individual— es disciplinado por las férreas reglas del libre mercado.

No es verdad que a alguna parte del mundo le toca ser rica y la otra pobre. Alguna gente en el mundo es rica *porque* otros son pobres. Gente como Warren Buffett son ricos porque gente como Barbara Harvey y Addie Polk están forzadas durante toda su vida a trabajar más por menos, hasta que sean arrojados a un lado. Un limitado número de personas son ricas *porque* otros pasan hambre, no tienen donde vivir, resisten los horrores de la guerra y enfrentan un futuro ambiental incierto.

Si el capitalismo tiene un primer principio, no se encuentra en las muestras de simpatía de Warren Buffett hacia los que no tienen, sino que es dado por Larry Edison, el megalomaníaco jefe de la gigantesca compañía de programación Oracle, y uno de los hombres más ricos del mundo, que parafraseando al jefe guerrero del siglo XIII, Gengis Khan, le gusta decir: "No basta con que ganemos; todos los demás deben perder."

Esa frase capta perfectamente el canibalismo del capitalismo. Una vez que los mitos y los chivos expiatorios son expuestos, lo que queda es un sistema organizado para permitir al rico hacerse más rico —no importa el costo para el resto de la humanidad. Por eso es que los socialistas estamos comprometidos a terminar con la desigualdad —y hacer una radical redistribución de la riqueza y del poder.

CAPÍTULO DOS

La tierra de los no-tan-libres

Cuando la presidencia de Barack Obama fue inaugurada en enero del 2009, él rindió su juramento frente al Capitolio —el edificio del Congreso estadounidense— construido por esclavos. Así mismo, la constitución que juró defender originalmente contó a los esclavos negros como tres quintos de un ser humano. Hace sólo dos generaciones, a Obama no le hubieran servido ni siquiera un café en un restaurante sólo a unas cuadras del Capitolio. Y aún más recientemente, casi todos consideraban imposible que un afroamericano fuera elegido presidente de los Estados Unidos.

Para millones de personas, el juramento de Obama fue algo histórico, y una señal de progreso sobre el legado de discriminación y violencia que tiñe la historia de este país. El mar humano apretujado en la plaza frente al Capitolio fue un conmovedor testamento al deseo del pueblo americano de ser testigo de este paso.

Por eso fue doloroso ver a los ideólogos de la derecha apropiarse de la inauguración presidencial para presentarla como evidencia de que el racismo era ahora una cosa del pasado. Dinesh D'Souza, autor del detestable libro *El fin del racismo* (1995), dijo que "se sintió el sabor de la vindicación . . . Mi argumento fue que el racismo, que alguna vez fue sistemático, ahora se ha hecho episódico. En otras palabras, el racismo existía, pero ya no controlaba las vidas de los negros y otras minorías."

Pero apenas a unas pocas millas al sur y al este del Capitolio, desde la Casa Blanca por la Avenida Pennsylvania, D'Souza tendría muchas dificultades en vender su fábula. En Anacostia, una comunidad predominantemente negra a la sombra de los edificios del gobierno más poderoso del mundo, la mitad de los niños viven en la pobreza y casi la mitad de los estudiantes no se graduarán de la secundaria. Ahí el ingreso anual promedio es de $14,210, sólo un cuarto del promedio de Washington.

En el Distrito de Columbia (DC), la ciudad entera, que en su mayoría es afroamericana, la tasa de empleo cayó a cerca del 50 por ciento durante los años 2000. La tasa de infecciones con HIV/SIDA es similar a la de la República del Congo y de Ruanda —uno de cada 20 residentes está infectado con HIV y uno de cada 50 ha desarrollado SIDA, diez veces mayor que el promedio nacional. Luego están las historias de horror en lo que risiblemente es llamado el sistema de "justicia" criminal. Llegando al siglo XXI, la mitad de los varones negros en el DC entre las edades de 18 y 35 años de edad están de alguna forma en las garras de la justicia criminal: en prisión o en la cárcel, en probatoria o bajo libertad condicional, y bajo fianza u orden judicial.

Tales estadísticas se repiten con la misma dureza en cualquier lugar de Estados Unidos. Increíblemente, el país más rico de mundo encarcela más de su población que cualquier otro. Pero lo más vergonzoso es la desproporcionada distribución en términos de raza: en el 2007, los varones afro fueron casi uno de cada 17 en la población de EEUU, pero uno de cada tres de la población en sus recintos penales, estatales y federales. Similarmente, el racismo policial es una práctica cotidiana por todo el país. Como muestra el informe de la Corporación Rand, que no tiene nada de radical: "En el 2006, el Departamento de Policía de la Ciudad de New York detuvo a medio millón de personas por sospechar que estaban involucradas en una actividad criminal. Las cruda estadística de estos encuentros sugiere una gran desproporción racial —el 89 por ciento de ellos involucro a no blancos."

Aún más: a la llegada de la recesión económica, como era de esperar, los afroamericanos fueron desproporcionadamente sus primeras víctimas. A mediados del 2009, el nivel de desempleo oficial para los afroamericanos llegó al 15,1 por ciento, comparado con el 8,9 por ciento para los blancos.

Baste esto para los que creen que el racismo es algo del pasado. Cualquiera que honestamente examine la evidencia tiene que reconocer que la intolerancia y la discriminación racial en los Estados Unidos siguen vivas —no como "episodios" causados por alguna "manzana podrida", sino como algo intrínseco a la sociedad estadounidense.

Así, la elección de Barack Obama plantea una contradicción. Un afroamericano llegó a la presidencia en un país construido por la esclavitud de africanos, y en el que por lo mismo, el racismo continúa profundamente arraigado. El logro de Obama es representativo de como la minoría afroamericana mas pudiente vio caer las barreras para su avance social, luego del avance de los derechos civiles en los años sesenta, haciendo la discriminación en su contra menos intolerable. Pero para la mayoría de los afroamericanos, las condiciones sociales de vida no han mejorado casi nada, si no es que han empeorado de alguna forma.

Los afroamericanos no son las únicas víctimas del racismo, por supuesto. También son discriminados los latinos, tan a menudo vistos como "ilegales" en los ojos de la autoridad, aunque tengan sus documentos. También son discriminados los árabes y musulmanes, sufriendo persecución y violencia —y a veces encarcelamiento arbitrario— porque el color de su piel los identifica como potenciales terroristas, según los que salivan guerra.

Tampoco son las minorías raciales, étnicas y religiosas los únicos grupos que sufren discriminación y trato desigual en la sociedad capitalista estadounidense. Las mujeres son realmente la mayoría de la población del país, pero se les paga, en promedio, sólo el 80 por ciento de lo que un hombre gana por el mismo trabajo, de acuerdo a las estadísticas del mismo gobierno federal. Ellas llevan una doble carga laboral, dentro y fuera del hogar; confrontan el humillante sexismo montado cada día por una cultura que perpetúa los estereotipos. La comunidad LGBT (lesbianas, homo-, bi- y transexuales) vive acosada por la violencia si asumen su identidad sexual, o forzados a esconderla por miedo a la discriminación y el abuso.

La lista de las víctimas de trato injusto en esta sociedad, basada en intolerancia, puede sumar y seguir: lenguaje, edad, habilidades físicas y más. Todas estas formas de opresión se entrelazan, y mediante ellas la gran mayoría es discriminada y sometida, social, económica y políticamente.

Estas opresiones son un crimen social endémico al capitalismo, cada uno tan obsceno como el hambre, la pobreza o la guerra. Están demasiado extendidas para ser aberraciones que podrían ser eliminadas sólo con mejor educación o por un sistema legal más vigilante. El capitalismo depende para su sobrevivencia en crear divisiones dentro de la clase obrera; por la tanto, la lucha por una nueva sociedad debe confrontar esas divisiones.

Las raíces de la opresión

En cuanto al racismo —o cualquier otra forma de opresión— hay más de una falsa perla en la sabiduría convencional. Por ejemplo, que el racismo es algo del pasado es una idea muy de moda. Pero a menudo también puedes escuchar ese otro viejo cuento —en una u otra forma, a veces contradictorias— de que el racismo y la xenofobia son partes de la naturaleza humana y que nunca nos podremos deshacernos de ellos.

La verdad es muy diferente. El racismo no es algo del pasado, ni es inevitable —ni ayer, ni hoy ni mañana— y es muy importante lo que nosotros hagamos al respeto.

Mirar el asunto desde una perspectiva histórica nos ayuda a demostrar cómo el racismo ha sobrevivido gracias al servicio que presta a las clases sociales al tope de la sociedad. Así lo explicó Hubert Harrison, un socialista afroamericano de la primera parte del siglo veinte, cuando la segregación Jim Crow fue la ley: "Si el racismo fuera innato, no sería necesario enseñarlo a los niños en escuelas separadas, ni a los adultos en [servicios públicos] separados . . . [C]ada singular hilo en el gran telón de segregación que América tan laboriosamente teje es un elocuente argumento contra la creencia que el prejuicio racial es innato."

El racismo, como lo entendemos hoy, no ha existido por más de unos cinco siglos. Ningún recuento histórico serio ha demostrado una forma similar de opresión racial anterior al amanecer del capitalismo. Con la conquista europea de América y el surgimiento de la trata de esclavos, los africanos fueron secuestrados de su continente y transportados en horribles condiciones allende el mar para proveer la mano de obra barata que el creciente sistema agrícola de plantaciones necesitaba.

La esclavitud sí existió en civilizaciones pasadas —notablemente en el Imperio Romano— pero no fue a base de la raza de las personas. Hay ejemplos de xenofobia en algunas culturas y no en otras —pero nada semejante al carácter sistemático del racismo bajo el capitalismo, propagado por medio de una vasta y falsa ideología que justifica o explica la inferioridad de ciertos seres humanos.

La conexión histórica entre el racismo y el ascenso del capitalismo es integral. La necesidad de una fuente controlable de mano de obra barata en los campos del "Nuevo Mundo" dio paso a la esclavitud, lo que requirió una ideología para sostenerla. Como lo escribió el gran marxista afrocaribeño C. L. R. James, "La idea de dividir a la gente por raza comienza con la trata de esclavos. Esta cosa era tan rara, tan opuesta a todo lo que los religiosos y filósofos sostenían . . . que la única justificación por la que la humanidad podría encararlo fue dividir a los pueblos en razas y decidir que los africanos eran una raza inferior."

El capitalismo eventualmente superó su necesidad de la esclavitud legal —de hecho, el creciente éxito del sistema industrial en el norte de los Estados Unidos dependió de la derrota del poder político de la esclavocracia sureña durante la guerra civil. Pero en las transformaciones del sistema económico de los Estados Unidos que siguieron a la guerra civil, la ideología del racismo no murió, sino que fue adaptada a las nuevas necesidades del capitalismo triunfante. Un sistema de inquilinaje —en condiciones de semi esclavitud— floreció en el sur, desarrollando consigo un sistema institucionalizado de segregación, que llegó a ser conocido como Jim Crow. En estas nuevas circunstancias, la ideología del racismo continuó proveyendo un marco para justificar la opresión de una parte de la clase obrera, manteniendo a los trabajadores divididos e incapaces de unirse contra sus amos comunes.

En el siglo veinte, la lucha por los derechos civiles y por terminar la segregación racial finalmente logró establecer una igualdad legal para los afroamericanos. Pero el racismo claramente sobrevivió la revolución de los derechos civiles en el sur estadounidense, como podemos observar —otra vez para justificar un esquema en el que una parte de la población consistentemente sufre peores condiciones, y para bloquear una resistencia unida.

Las mismas conexiones entre opresión e interés de clase se manifiestan en el caso de la intolerancia sufrida por los inmigrantes. Los Estados Unidos de América se jacta en ser un "crisol" formado por gente de diferentes razas y etnias, con ancestros llegados de lejanas esquinas del planeta a buscar el "sueño americano". Pero ésta es sólo una de las muchas mentiras y verdades incompletas que se nos ha enseñado acerca de la historia de este país. Para las corporaciones y el establecimiento político estadounidense, la inmigración no tiene nada que ver con las oportunidades disponibles para los sufridos y los pobres del mundo. Como la esclavitud en una era temprana, la clave es que la inmigración garantiza una fuente de mano de obra barata y controlable.

Si miras la historia de los Estados Unidos, la idea de que los controles de inmigración y la seguridad fronteriza tienen como objetivo mantener afuera a trabajadores "ilegales" se vuelve risible. Por siglos, un grupo tras otro ha sido motivado a migrar a los Estados Unidos —legal o ilegalmente— para ser convertirdos en chivos expiatorios en el fango del escaño social. Irlandeses, judíos, alemanes, suecos, italianos, europeos orientales, asiáticos, mejicanos, centroamericanos, musulmanes —todos han sido víctimas de la intolerancia xenofóbica.

La famosa novela *La jungla* de Upton Sinclair, acerca de los mataderos industriales de Chicago y las brutales condiciones que secuelas de inmigrantes sufrieron en la transición al siglo XX, refleja perfectamente como el provecho y la avaricia manejaban el sistema: "Aquí hubo una población, de clase baja y mayormente extranjera, siempre al borde del hambre, y que depende para sus oportunidades de vida del capricho de hombres tan brutales e inescrupulosos como los esclavistas de antaño; bajo tales circunstancias, la inmoralidad era completamente inevitable, y prevalente, como fue bajo el sistema de esclavitud."

Es imposible leer estas palabras sobre los empacadores lituanos en Chicago y no pensar en las condiciones sufridas por los inmigrantes de México y Centroamérica hoy en día. Son usados doblemente —como trabajadores sin derechos legales y súper-explotados, o como un grupo que puede ser puesto a competir con otros, trabajadores nativos o extranjeros, manteniendo los salarios bajos para todos.

El odio anti-inmigrante en esta sociedad —ya sea de individuos como Lou Dobbs y los vigilantes Minutemen, expresado en epítetos racistas, o en argumentos sobre como los inmigrantes "se roban" empleos que "pertenecen" por derecho a los obreros nacidos en los

Estados Unidos— sólo sirve los intereses de la clase dominante.

El gran abolicionista Frederick Douglass, él mismo un esclavo fugado, lo expresó concisamente: "Ellos dividen a ambos para conquistar a cada uno."

Esto no es lo mismo que decir que sólo los intereses económicos dan forma a los diferentes sistemas de opresión que operan bajo el capitalismo. Al contrario, las formas de opresión cobran vida propia y a veces nublan la conexión económica subyacente. Para tomar un ejemplo, políticos anti-inmigrantes como Tom Tancredo están en desacuerdo con algunos sectores de la América corporativa cuando abogan por una fuerza fronteriza más estricta para detener toda inmigración. Esto va contra los intereses de las corporaciones que dependen de una continua, aunque estrictamente controlada, oferta de mano de obra inmigrante. Estas dos posiciones representan los lados extremos de un espectro de las opiniones sistémicas acerca de la inmigración. Pero el espectro en su totalidad sirve para fortalecer el sistema.

En un sentido más general, hay diferencias obvias entre la opresión racial, por ejemplo, sufrida por inmigrantes en los Estados Unidos y por la mayoría negra bajo el sistema de apartheid en África del Sur, y por los afroamericanos en este país. La forma especifica del racismo en cada caso causa que las víctimas experimenten su opresión en formas diferentes y —crucialmente— la confronten diferentemente.

Es muy importante entender estos factores. Pero no deben ser razones para descartar la realidad de que todas estas fibras de opresión están tejidas en el mismo telar —la alfombra del capitalismo.

La lucha por la liberación

Aunque existen más nexos de lo que normalmente son reconocidos, las diferentes formas de opresión aparecen muy separadas las unas de las otras. Por ejemplo, la diferencial salarial entre mujeres y hombres y la entre afroamericanos y blancos son chocantemente parecidas; sin embargo, otros elementos son claramente únicos.

La mujer es la principal responsable de la crianza de los niños y del trabajo del hogar, muchas veces sobrellevando una doble carga laboral: una asalariada fuera de la casa y otra no remunerada en el hogar. A la mujer y el hombre se les enseña desde temprana edad que la mujer está hecha para la familia, instintivamente criadora, respetuosa y dotada de todas las demás virtudes incluidas en el cliché "el lugar de la mujer es en la casa". Al mismo tiempo, la mujer aprende que su valor depende de la "belleza" de su apariencia física, de su atractivo sexual —para los hombres, no para otras mujeres, por supuesto— y que todo esto es simplemente natural.

Estos contradictorios estándares para la mujer inciden de una manera particularmente tóxica en el tema de la reproducción, donde el ataque a los derechos de la mujer es hoy más severo. Todos los estudios han mostrado que las mujeres que deciden abortar lo hacen en su mayoría porque económicamente no pueden criar un niño o porque no están preparadas para ello. Pero para los oponentes al derecho de optar por un aborto, una mujer que termina su embarazo sólo está pensando, egoístamente, en su propio bienestar, y no en el niño por nacer —y son, probablemente, promiscuas hasta las botas. La intención de las fuerzas anti-aborto es de acosar e intimidar a las mujeres a permanecer en su lugar "natural". Pero la verdad es que la mujer no será dueña de su vida si no puede en libertad decidir sobre su vida reproductiva.

Toda una bruma ideológica cubre el rol de la mujer en la sociedad y en la familia. Enciende el televisor ahora mismo, no importa la hora del día o de la noche, y serás bombardeado o bombardeada con mitos y estereotipos acerca de los hombres y las mujeres. Mira cualquier telenovela y ahí estará el desaliñado marido frente al televisor y la esposa acosándole a que termine el arreglo de la casa. Luego vendrán los comerciales, donde el cuerpo de la mujer es desplegado sexualmente para vender cerveza o cualquier otro producto. En las "noticias", los comentaristas parlotearán acerca del último "estudio científico" demostrando la infelicidad de la mujer que trata de hacer otra cosa que no sea cuidar a sus hijos. Luego, en las pausas, los y las presentadores dedican su tiempo a chismear veladamente sobre la última ruptura o locura en el mundo de la farándula.

Sin embargo, nada en este revoltijo de imágenes contradictorias y estereotipos describen al hombre y mujer de carne y hueso —la real y extensa gama de intereses y conductas, aún en un mundo que trata de llevarlos al conformismo.

Pero bajo esta maleza ideológica hay un secreto económico en el centro de la opresión de la mujer —críticamente, el trabajo no remunerado en el hogar. Porque la mujer es la responsable de la crianza de los niños y del mantenimiento de la familia, por gratis —o para expresarlo en la terminología marxista, reproduciendo la próxima generación de la clase obrera— el sistema capitalista no tiene que pagar por ello. Del patrón, se espera que pague por el trabajo hecho en la planta —no el valor completo, por supuesto, pero algo; pero nadie espera que pague salarios o beneficios por el trabajo que la mujer realiza en el hogar. Este es un gran subsidio al capitalismo. A mediados de los años noventa, el Programa de Desarrollo de las

Naciones Unidas calculó que el trabajo no remunerado de la mujer equivalía a $11 billones anualmente en el mundo y $1.4 billones sólo en Estados Unidos.

Una vez que consideras bien este incuestionable aspecto de la opresión de la mujer, las prevalecientes ideas acerca del rol de la mujer en la sociedad se hacen, de un momento al otro, ridículas. Por ejemplo, ¿por qué demonios debe una mujer ganar menos que un hombre por el mismo trabajo? Las antiguas explicaciones que apoyan esta inequidad están mezcladas con el supuesto rol natural de la mujer en la familia —la idea de que el varón es el que gana el pan y necesita ser pagado más, y que la mujer no pertenece realmente a la fuerza laboral, sino que transita dentro y fuera de ella para criar a los niños. Esto, ciertamente, no tiene nada que ver con la realidad del siglo veintiuno en los Estados Unidos —donde en muchos hogares la mujer es la única que gana el pan, y trabajar fuera del hogar o no no es una decisión que la mujer pueda hacer libremente, dado el deterioro en la calidad de vida de todas las familia de la clase obrera.

¿Qué base existe para creer que el hombre está "mejor dotado" para ciertos trabajos, mientras que otros son "naturalmente trabajos de mujer"? ¿Por qué el hombre debe ser el "proveedor natural" en un hogar de dos adultos? ¿Y qué hay con las parejas del mismo sexo? ¿Por qué no puede el hombre, en la sociedad de hoy, ser el primer proveedor de cuido de los niños?

O mejor aún, ¿por qué no una solución social? ¿Por qué la familia sola debe llevar la responsabilidad de criar a los hijos, mantenerlos a todos alimentados y vestidos y con un techo sobre sus cabezas? ¿Por qué no lo hace la sociedad como un todo? Imagina. Un mundo donde el cuido de los niños está siempre disponible y organizado comunitariamente, o una sociedad donde las comidas son hechas y servidas en cocinas y comedores comunitarios. En circunstancias como esas, la idea de que la mujer "naturalmente" gravita hacia roles "maternales o familiares" tendría tanto sentido como la antigua creencia de que la tierra era plana y se sostenía en las espaldas de elefantes.

Nuestro punto es demostrar, primero, que esas ideas prevalecientes acerca de la mujer o de los afrodescendientes, o de cualquier otro grupo oprimido, se han diseñado para sostener un sistema de opresión, y segundo, que las varias formas de opresión son trazadas en forma crítica a las prioridades económicas subyacentes a un sistema manejado en el interés del lucro y el poder. Si esto es cierto, entonces el proyecto socialista de crear un nuevo mundo, sin opresión, tiene que involucrar todas las luchas contra la opresión, y en esas luchas deben estar involucrados todos los que aspiran al socialismo.

Esta perspectiva no es universalmente aceptada, aun por gente que se opone a la opresión y lucha por mayor igualdad. Muchos de ellos en su lugar enfatizan la importancia para los diferentes movimientos de ser "autónomos". Los socialistas creemos que los oprimidos tienen el derecho a, y deben, organizarse en cualquier forma que crean conveniente —sobre todo, no deben esperar que otros se unan a su causa antes de tomar acción por su cuenta. Pero también enfatizamos aquello que conecta y une a todos los oprimidos y explotados para organizar una lucha común.

Es importante señalar que en el lado de la opresión no les importa transgredir las fronteras entre diversos asuntos políticos. Por ejemplo, los del Tea Party —promovidos por la calaña de los Glenn Beck, Fox News y el resto de la chirriada derechista— con gusto toleran los insultos racistas a Barack Obama, en particular, y a los afroamericanos, en general; quieren construir una muralla en la frontera para mantener fuera a los inmigrantes y piensan que el Islam es una amenaza a la seguridad nacional; creen que el lugar de la mujer es en la casa, que el feminismo es un crimen contra la naturaleza, y que la iglesia, el estado, los padres, los maridos —casi todo el mundo, excepto la mujer— deben determinar lo que ellas hacen con sus vidas reproductivas; también, y probablemente la lista no termina aquí, odian con igual intensidad a alguien de la comunidad de LGBT o un sistema de salud administrado por el estado.

En términos generales, la derecha no trata asuntos individuales en su política. Ellos ven todas sus inquietudes políticas y sociales en relación a una agenda mayor.

¿No debiera nuestro lado —aquellos que desafiamos las prioridades de un sistema dividido entre los que tienen y los que no— buscar lo que nos une en la lucha por la justicia y la libertad? Debemos ser conscientes de la manera específica en que los diferentes tipos de opresión afectan a los varios grupos oprimidos, pero a la vez debemos reconocer también que todos los trabajadores tienen el mismo interés en que cada grupo oprimido logre éxito en su lucha.

El movimiento de la clase obrera necesita estar unido para obtener sus logros. En la historia de los Estados Unidos, vemos que el racismo contra los afrodescendientes, la discriminación contra la mujer, la intolerancia hacia los inmigrantes y otros prejuicios han estado siempre presentes. Las veces en que estas divisiones han sido superadas son muy pocas. Un movimiento de la mayoría del pueblo que no lidie con la opresión sufrida por cada uno de sus miembros —y que no tome las medidas necesarias para luchar por terminar con esa opresión— es un movimiento dividido contra si mismo.

Pero una conexión aquí es igualmente importante. Muchas de las luchas más importantes de la clase trabajadora en el pasado fueron inspiradas en el ejemplo de un grupo oprimido alzándose en rebelión. Por ejemplo, el movimiento por los derechos civiles de los años 1960 entrenó a toda una generación de radicales e inspiró a millones a protestar contra la guerra de Vietnam y el imperialismo estadounidense. El movimiento feminista desarrolló sus esperanzas en la lucha por los derechos civiles. Y cuando la lucha por la liberación homosexual estalló a finales de los años 1960 y comienzos de los 1970, su primera y principal organización radical se llamó el Frente de Liberación Homosexual —una consciente referencia al Frente de Liberación Nacional vietnamita batallando a medio globo de distancia por la liberación nacional de Vietnam.

El capitalismo necesita de la opresión en todas sus formas para sobrevivir. Pero como dice la vieja consigna del movimiento obrero: "un golpe a uno es un golpe a todos". Por lo tanto, la lucha de un grupo oprimido por la libertad y contra la discriminación y la intolerancia es una lucha de todos nosotros.

CAPÍTULO TRES

El azote de la guerra

"La vida está volviendo a su normalidad para el pueblo de Irak", declaró George W. Bush en un discurso radial en agosto del 2003, cinco meses después de la invasión de Irak.

Para Farah Fadhil no fue así. Semanas después del discurso de Bush, la joven de 18 años de edad fue asesinada durante una redada estadounidense a un complejo de apartamentos, en un pueblo al norte de Bagdad. Fue una muerte lenta y agonizante. El cuerpo de Farah fue destrozado por una granada tirada por soldados americanos. Mientras moría, los soldados entraron violentamente en su apartamento demandando —en inglés— saber dónde se escondían los guerrilleros iraquíes. Pero allí sólo estaba Farah, desangrándose en el piso, y su madre y su hermano.

"¿Por qué?" preguntó angustiada la familia de Farah. ¿Había aprendido los Estados Unidos que el complejo se había convertido —a espalda de los residentes— en un centro de mando de los "leales a Saddam" resistiendo la ocupación de Washington? "Lo único que queremos es respuestas", dijo Qassam Hassan, un vecino cuyo hermano había sido asesinado en el mismo ataque. Pero nada. La historia llegó a conocerse solamente cuando un periodista británico de *The Observer* se enteró de ella por los sobrevivientes. La oficina de prensa del Pentágono en Irak ni siquiera reconocía que el ataque hubiese ocurrido, mucho menos ofreció una explicación de por qué Farah Fadhil tuvo que morir.

Su familia se quedó contemplando los eslóganes y frasecitas mediáticas que los oficiales estadounidenses repetían como justificaciones para la guerra desde antes de la invasión: armas de destrucción masiva, Al Qaeda, amenazas a la estabilidad regional. Deben haberse preguntado: ¿que diablos tiene todo eso que ver con Farah? Unos meses más tarde, los soldados americanos capturaron al anterior aliado, ahora demonizado como enemigo de su gobierno, Saddam Hussein, y los medios norteamericanos otra vez repitieron el mensaje de que ahora los iraquíes estaban bien, con el dictador fuera del poder. Excepto Farah Fadhil.

Seis años en el futuro y a 750 millas al este, en Afganistán, en mayo 4 del 2009, los residentes de Granai y dos otros pueblitos en la provincia occidental de Farah comenzaban su descanso al atardecer. Durante del día, una batalla entre soldados norteamericanos e insurgentes del Talibán rugió a su alrededor. La balacera se detuvo luego de que el Talibán se retiró. Los varones de Granai se presentaron a sus oraciones nocturnas, cerca de las 7 p.m.

Una hora después, aviones de guerra estadounidenses atacaron, dejando caer sus bombas sobre las víctimas que volaban en pedazos, y los sobrevivientes fueron dejados con la tarea de recoger los remanentes para enterrarlos, de acuerdo a un reportaje del *New York Times*, basado en las narraciones de testigos oculares. La doceañera Tilah estaba con su madre y dos hermanas cuando el ataque ocurrió. Corrieron con otros residentes hacia una de las pocas estructuras sólidas en Granai, una casa de siete habitaciones. Aún bajo el bombardeo continuo, Tillah se sintió segura y se quedó dormida. Pero el rugiente zumbido de un avión la despertó antes de que la enorme explosión de una bomba arrojada sobre ella y las docenas de personas apretujadas al interior de la casa en busca de seguridad colapsara el edificio.

Sólo una mujer y seis niños salieron vivos de la casa, reportó el *Times*. Tillah misma no recuerda nada hasta que fue rescatada de los escombros al día siguiente, con severas quemaduras y heridas. De acuerdo a la lista de sobrevivientes en los tres pueblos, 147 personas fallecieron.

Seis años después, una guerra diferente y la misma interrogante: ¿por qué? ¿Por qué los Estados Unidos apuntó su arsenal mortal sobre un pueblo tranquilo, escasamente poblado, horas después de que los combatientes que enfrentaba se habían retirado?

En esta ocasión hubo respuestas pero ninguna de ellas honesta. Primero los oficiales militares estadounidenses dijeron que el Talibán causó las muertes con un ataque de granadas diseñado para aparentar un ataque aéreo. "Todos sabemos que el Talibán utiliza las muertes de civiles y a veces las crea", dijo el secretario de defensa Robert Gates. El Pentágono finalmente reconoció que un bombardeo estadounidense había causado la masacre, pero también dijo que el número de muertes había sido inflado —una investigación militar oficial concluyó que sólo "aproximadamente 26" civiles habían muerto. Y por estos 26, la vocera militar teniente comandante Christine Sidenstriker quería que nadie culpara a los Estados Unidos. "El hecho es", informó a un periodista, "que los civiles murieron porque el Talibán deliberadamente causó que ello sucediera." Traducción: no importa lo que los Estados Unidos haga, el Talibán tiene la culpa.

Por eso, cuando los sobrevivientes de la masacre de Granai preguntan por qué sus hijos e hijas y padres y madres fallecieron, obtienen las mismas fraudulentas respuestas que obtuvieron los iraquíes.

En esta ocasión, sin embargo, las respuestas vinieron de la boca de un presidente americano que mucha gente esperaba acabaría con las ocupaciones militares. En un discurso de diciembre del 2009, en West Point, para anunciar una nueva escalada en la guerra contra Afganistán, Barack Obama —como si fuese el propio espíritu de George Bush— argumentó que "América, nuestros aliados y el mundo estaban actuando como uno solo para destruir la red terrorista de Al Qaeda y proteger nuestra seguridad común . . . Nuestra meta principal sigue siendo la misma: obstruir, desmantelar y derrotar a Al Qaeda en Afganistán y Pakistán, y eliminar su capacidad para amenazar a América y a nuestros aliados en el futuro."

Como candidato presidencial el año anterior, Obama regularmente denunciaba la campaña de mentiras de la administración Bush que retrataba a Irak como repleto de armas dirigidas a los Estados Unidos y sus aliados, y como una base de operaciones para Osama bin Laden y Al Qaeda. Pero lo mismo se podría haber dicho de Afganistán. Las principales víctimas de la guerra han sido el pueblo pobre sin la más mínima conexión a bin Laden, gente que posiblemente detesta al Talibán —pero quizás ahora no tanto como odian las fuerzas de ocupación que bombardean hasta sus bodas.

La idea de que los Estados Unidos envió tropas a Afganistán para combatir el terrorismo o ayudar a un pueblo en lucha es tan falsa como lo fue en Irak. Como la de Bush, la política de Obama

esta moldeada por los intereses de las corporaciones y del establecimiento político de EEUU, en defensa y para expandir su imperio
alrededor del mundo. Eso explica la continuidad de la política de
guerra entre un republicano y un demócrata en la Casa Blanca.

De hecho Obama, como candidato, prometió que enviaría más
tropas a Afganistán, la "verdadera guerra" de acuerdo a su campaña
electoral, contrario a la "distracción" en Irak. Pero él ha actuado en
una manera que debió resultar una sorpresa para la gente que lo vio
como un candidato anti-guerra. En su primer año en la Casa Blanca,
Obama anunció dos mayores escaladas bélicas que, tomadas en su
conjunto, duplicaron la presencia de tropas estadounidenses. Como
lo informó el periodista independiente Jeremy Scahill, la política del
Pentágono es usar contratistas para administrar sus ocupaciones militares bajo Obama—para finales del 2009, los contratistas consti-
tuían dos tercios de la fuerza militar de 189.000 efectivos en
Afganistán. También bajo Obama han aumentado los ataques trans-
fronterizos sobre Pakistán con el uso de aviones no tripulados, amenazando con expandir la guerra aún más.

En cuanto a la "distracción" en Irak, continuará "distrayendo" por
muchos años mas. El plan de la administración Obama para el "re-
tiro" de las tropas dejó cerca de cincuenta mil de ellas para el final de
2010 —y más aún, el número de mercenarios estadounidenses aumentó por casi una cuarta parte.

Durante los años de la administración Bush, los Estados Unidos
llevó a cabo su agenda en el Mediano Oriente en estrecha coordi-
nación con Israel, por ejemplo animado la guerra de Israel contra
Líbano en el 2006 que forzó a una cuarta parte de la población a
huir de sus hogares. Obama visitó a Israel como senador y declaró su

solidaridad con los asentamientos israelíes a lo largo de la fortificada frontera con el Líbano. Cuando Israel llevó a cabo su bárbaro ataque contra los palestinos en Gaza —explícitamente programado para coincidir con las semanas previas a la inauguración de Obama, en enero del 2009— el entonces presidente electo se mantuvo criminalmente callado. Desde que asumió el poder, Israel no hizo caso a las pocas y tímidas críticas de Obama a la construcción de asentamientos judíos —y Obama, como sus predecesores, no insistió. El resultado es que Israel permanece como un enclave militarizado en el Medio Oriente, actuando en alianza con los Estados Unidos, mientras Palestina languidece en Cisjordania y el gigantesco campo de concentración de Gaza.

Ha habido algunos cambios tácticos y retóricos en relación a la administración Bush, pero la substancia subyacente de la política exterior de la administración Obama refleja el mismo consenso bipartidista que ha existido por décadas. Bajo los republicanos tanto como los demócratas, "la guerra contra el terror" ha sido la amplia justificación para la expansión del poder militar de los Estados Unidos en el exterior y la trituración de las libertades civiles en el interior del país.

Afganistán e Irak han sido convertidos en infiernos vivientes. En Afganistán, el Pentágono desató su arsenal más mortífero contra un empobrecido país devastado por dos décadas de guerra. Para el 2008, la expectativa de vida en ese país fue apenas de 44 años. Afganistán es el país segundo en el mundo en mortalidad infantil, donde más de uno de cada cuatro niños muere antes de llegar a su quinto cumpleaños. El gobierno de Hamid Karzai, instalado y sostenido por los Estados Unidos, es completamente corrupto. Durante la elección presidencial del 2009, en la que Karzai "barrió" con los votes, observadores internacionales estimaron que un millón de papeletas contadas a su favor fueron fraudulentas. El régimen de Karzai depende de los más sanguinarios señores de la guerra en el país, cuyos crímenes incluyen someter a las mujeres a condiciones de opresión que no distan mucho de las mantenidas por el Talibán.

La situación en Irak es igualmente horrible. El alto comisionado para refugiados de las Naciones Unidas estimó que más de 4,7 millones de iraquíes fueron desplazados por la invasión del 2003 —casi uno de cada cinco iraquíes, de acuerdo a los datos de población de Irak para ese año, estimada en 25 millones. Los investigadores de la revista médica *Lancet* estimaron las muertes en Irak debido a la guerra en 655.000 para finales de junio del 2006 —y con una guerra sectaria librándose en ese momento, la cifra hoy es sin duda más de un millón.

¿Y para qué? ¿para detener el terrorismo? ¿vengar el 11 de septiembre? ¿librar el mundo de las armas de destrucción masiva? ¿promover la democracia? ¡¿para liberar a las mujeres de la burga?! Muchos soldados norteamericanos que fueron con la promesa de que serían recibidos como libertadores, pero en realidad se convirtieron en carne de cañón, han llegado a sus propias conclusiones. Tim Predmore —en ese entonces un soldado en servicio activo con la División Aérea 101 y estacionado en Irak— escribió un artículo para un periódico de su ciudad, diciendo:

> Esto parece una cruzada moderna, no para liberar a un pueblo oprimido o para liberar al mundo de un demoníaco dictador en su incesante búsqueda de conquista y dominación, sino una cruzada para controlar los recursos naturales de otra nación. Por lo menos, para nosotros aquí, el petróleo parece ser la razón de nuestra presencia . . . Yo ya no puedo justificar mi servicio por lo que creo que

son unas medias verdades y desnudas mentiras. Ya he servido mi tiempo, al igual que muchos otros con los que sirvo. Todos hemos confrontado la muerte sin razón ni justificación.

"Un matón para los grandes negocios"

Toda guerra norteamericana ha sido acompañada de una campaña propagandística con que justificarla. Pero si miramos bajo la superficie, los motivos del gobierno de Estados Unidos en conflictos militares son siempre claros —y lo han sido desde que surgió como un poder mundial hace más de un siglo con su victoria en la guerra contra España. Aún entonces, los porristas de la guerra hablaban de liberar a los súbditos de la corona española en el Caribe y el Pacífico. Pero el motivo real fue la oportunidad de los Estados Unidos de convertirse en el nuevo jefe colonial de las posesiones españolas de Cuba, Puerto Rico, las Filipinas y Guam.

Los Estados Unidos fue la última potencia mundial en comenzar un imperio, pero emparejó las cosas por medio de la violencia, comenzando en su propio "patio trasero", Latinoamérica. Durante el siglo veinte, las tropas de Estados Unidos invadieron a Cuba cinco veces, Honduras y Panamá cuatro veces, la República Dominicana, Haití y Nicaragua dos veces, y Granada una vez.

Con el tiempo, las tropas norteamericanas se expandieron alrededor del mundo, conquistando naciones menos poderosas, pero además combatiendo con otras potencias por el control de diferentes partes del globo. Los conflictos fueron tanto económicos como militares, pero estas aventuras imperialistas nunca tuvieron nada que ver con la democracia y la libertad. Países como los Estados Unidos no van a la guerra para detener a tiranos o por otra razón "humanitaria" de la que los políticos se llenan la boca. Van a la guerra para preservar y expandir su poder político y económico.

El general Smedley Butler llegó a Latinoamérica como oficial de los Cuerpos de la Marina en las primeras décadas del siglo veinte. Dirigió varias intervenciones militares estadounidenses, y no tenía duda alguna de por qué lo hacía:

> Dediqué la mayor parte de mi tiempo a ser el matón élite para los Grandes Negocios, para Wall Street y para los Banqueros. En resumen, yo era un truhan del capitalismo ... Así ayudé a hacer de México, especialmente Tampico, un enclave seguro para los intereses petroleros en 1914. Ayudé a hacer de Haití y de Cuba lugares decentes para que el National City Bank colectara sus ingresos ... Ayudé a purificar a Nicaragua para la casa bancaria internacional de Brown Brothers del 1909 al 1912. Traje luz a la República Dominicana para los intereses azucareros norteamericanos en el 1916. Ayudé a hacer de Honduras el lugar "correcto" para las compañías fruteras americanas en 1903.

El imperialismo norteamericano no es más caritativo hoy en día. Los socialistas somos acusados de ser oponentes "automáticos" al imperialismo. Y lo somos —porque creemos que el gobierno de los Estados Unidos nunca actuará en defensa de los intereses de la justicia y la democracia. Creemos que es la decisión de los pueblos de Afganistán, Irak y el Medio Oriente, o cualquier otro lugar, resolver sus asuntos con sus gobernantes y determinar sus propios destinos, libres de la intervención de las "grandes potencias".

Muchos de los que estuvieron en contra de la guerra de Irak bajo Bush —incluyendo líderes del movimiento anti-guerra— son menos críticos con Obama. Ellos debieran mirar con mayor cuidado la historia bipartidista del imperialismo estadounidense. Como lo expresó Anthony Arnove, autor del libro *Irak: La lógica de retirar*, en entrevista con *SocialistWorker.org*: "Es importante abandonar la visión cortoplacista que tienen no sólo los medios del establecimiento sino también muchos en la izquierda en este país. Esencialmente, durante la administración Bush, grandes sectores de la izquierda actuaron como si el imperialismo hubiese comenzado con George W. Bush —como si fuese algo manejado y controlado por un puñado de gente: George Bush, Dick Cheney, Donald Rumsfeld, sectores del movimiento neoconservador y aun quizás el Partido Republicano más generalmente."

El gobierno de los Estados Unidos previo a Bush hijo no era mas "pacífico" o menos comprometido a usar la fuerza militar para mantener el poder. Por más de medio siglo, no ha pasado un solo día en el que los Estados Unidos no tuviese sus fuerzas militares activas alrededor del mundo, en un conflicto u otro.

La diferencia entre los presidentes, republicanos o demócratas, ha sido un asunto de táctica —a veces ni eso.

Vivimos en un mundo de guerras, y el gobierno estadounidense ha metido sus manos, directa o indirectamente, abierta o solapadamente, en la mayoría de ellas —a veces proveyendo asesoramiento, a veces armas, a veces soldados. Cuando algún país más débil se sale de la línea, ya sea amenazando un interés económico vital —como el petróleo del Medio Oriente— o poniendo en riesgo el balance del poder político en una región crítica —como los Balcanes en el sureste de Europa en los 1990— los Estados Unidos y las otras potencias del mundo tratarán de imponer su dominio. Pero el siglo veinte también fue testigo de dos horrendas guerras mundiales, sin mención de los conflictos menores, que fueron batallas *entre* las principales potencias. En sus raíces, estas guerras fueron sobre el poder económico —sobre cual país imperialista dominaría qué áreas del globo.

Las guerras son una característica constante en la historia del capitalismo. Son el producto de la inmisericorde competencia por el lucro al centro del sistema de libre empresa, donde la competencia económica entre los capitalistas da paso a una competencia política y militar entre países. Por eso es que las guerras son inevitables bajo el capitalismo. Inevitables, esto es, a menos que la gente común se levante contra la violencia y el sistema que alimenta las guerras.

McDonald's y McDonnell Douglas

Las armas y las bombas son sólo una parte de lo que los socialistas llamamos "imperialismo". La otra cara del poder militar estadounidense en cada rincón del globo es —junto a un puñado de otras potencias— su dominio del sistema económico mundial. Los dos van de la mano, como observó el columnista del *New York Times* Thomas Friedman en 1998: "La mano invisible del mercado nunca funciona sin el puño invisible. McDonald's no puede florecer sin McDonnell Douglas, el diseñador del F-15, y sin el puño invisible que mantiene al mundo seguro para la tecnología del Valle del Silicón que se llama el Ejército, la Fuerza Aérea, la Fuerza Naval, y los Infantes de Marina de los Estados Unidos."

El Fondo Monetario Internacional (FMI) y el Banco Mundial son importantes instituciones financieras establecidas por los Estados Unidos para controlar si los países pobres reciben o no la ayuda económica que necesitan desesperadamente. Como resultado, ejercen un sistema de chantaje para exigir políticas económicas de sus gobiernos que las potencias consideren "apropiadas". Aunque desde la crisis económica el FMI y el Banco Mundial han sido despedidos de la escena, todavía tienen una larga trayectoria de "ajustes estructurales" impuestos sobre países pobres alrededor del mundo, forzando a los gobiernos a rebajar el gasto público y a vender las empresas y los servicios públicos a intereses privados, cuya meta principal es exprimirles provecho económico, no el servicio de la nación.

Todo esto fue parte de lo que llegó a ser conocido como "neoliberalismo" —dejar que la libre empresa rija, significando el incuestionable dominio de las economías más grandes del mundo, especialmente la de los Estados Unidos.

Un par de décadas atrás, parecía que los peores puntos de pobreza estaban en lugares remotos, no tocados por la economía moderna. Pero tal no es el caso hoy. Como consecuencia del neoliberalismo, no es poco común —aun en los países más pobres de África central— encontrar modernas fábricas desarrolladas por corporaciones occidentales junto a condones de miseria, porque los empleos en esas factorías no pagan un salario para vivir dignamente.

Esto es típico de la forma en que el capitalismo ha producido más miseria y sufrimiento alrededor del planeta. Pero nada expone el barbarismo del imperialismo y del sistema de libre mercado más claramente que la producción de la más básica de todas las necesidades —la comida— y su utilización como un arma en manos del gobierno de Estados Unidos.

Año tras año la agencia de alimentos de las Naciones Unidas presenta la misma espeluznante estadística —cerca de 6 millones de niños menores de cinco años de edad morirán en los próximos doce meses debido a la desnutrición y enfermedades relacionadas. La cifra —6 millones— tiene un terrible significado en el mundo moderno;

es el número de judíos masacrados por los Nazis en Alemania durante el Holocausto en la segunda guerra mundial. Un holocausto mundial de niños ocurre cada año debido a la hambruna, y los gobiernos del mundo no hacen nada al respecto.

Incluso respetados conservadores calculan que el mundo produce suficiente alimento como para que cada persona reciba 2.800 calorías al día, muy por encima del estándar mínimo establecido por la Organización de las Naciones Unidas para la Alimentación y la Agricultura. Y esto es alimento que ya existe. Según un estudio, si el terreno útil de la tierra fuese cultivado efectivamente, la tierra podría alimentar a más de 40 mil millones de personas —mucho más de los que hoy habitan el planeta.

Pero el alimento no llega a la gente que lo necesita. Más de un mil millón de personas —casi una de cada seis personas en el planeta— sufrieron hambre en el 2009, de acuerdo a la ONU. ¿Por qué? La obscena razón fue resumida una vez por nada menos que el periódico mayor del sistema capitalista, el *Financial Times*: "La gente, en estos días, no pasa hambre porque fuentes de alimentos no estén disponibles. Pasan hambre porque son pobres." En un sistema capitalista, el alimento es considerado una comodidad más, como los automóviles y los televisores, como las farmacéuticas y el servicio de salud. En vez de organizar la industria para alimentar a los que tienen hambre, el sistema la organiza para crear provecho económico para sus dueños; por tanto tiene un interés en no alimentar a todo el mundo y en crear escasez para mantener los precios y las ganancias altas.

De hecho, los gigantes de la agroindustria han conspirado con los gobiernos del mundo desarrollado para mantener los precios altos. Desde el 2000, el gobierno estadounidense ha gastado entre $15 y $35 mil millones al año en subsidios agrícolas directos e indirectos. La mayor parte del dinero es usada para proteger los precios de los granos y otras cosechas mediante la compra del "exceso" de alimentos. Por ejemplo, si los agricultores de EEUU producen el doble del trigo que el mercado puede absorber, el excedente empujaría el precio del pan y otros productos a la baja, pero el gobierno compra el exceso para mantener los precios altos.

Los políticos alegan que los subsidios agrícolas benefician las "granjas familiares" de los Estados Unidos. Pero eso es un mito. De acuerdo al Environmental Working Group (Grupo de Trabajo Ambiental), desde 1995 el 71 por ciento de los subsidios agrícolas ha sido recibido por el 10 percentil superior de los mayores productores —las operaciones agrícolas más grandes, respaldadas, si no poseídas, por las corporaciones multinacionales.

La mayor parte del alimento que el gobierno norteamericano compra se distribuye por el mundo en la forma de ayuda alimentaria. Pero en esto como en todo lo que hace, los motivos de Washington no son transparentes. La ayuda alimentaria estadounidense es usada como un palanca para promocionar sus intereses —políticamente, proveyendo la ayuda allí donde avanza sus esquemas geopolíticos, y económicamente, allí donde aumente las ganancias de las corporaciones norteamericanas.

Las leyes en los Estados Unidos requieren que la ayuda alimentaria gubernamental consista en productos producidos en el país —aunque esos productos abunden en el país a donde se envían. Así, en los primeros años de la década de los 2000, los Estados Unidos envió más de un millón de toneladas métricas de granos a Etiopía, sufriendo en esa época los efectos de una hambruna: los agricultores de Etiopía estimaban que tenían por lo menos 100.000 toneladas métricas de maíz, trigo, sorgo y habichuelas localmente producidas y almacenadas en graneros, pero los etíopes carecían del dinero para comprar estos productos.

En vez de alimentar al hambriento y ayudar a los pueblos sufriendo una hambruna a desarrollar su propia producción agrícola, la ayuda alimentaria norteamericana es organizada principalmente para ayudar a la industria de alimentos de Estados Unidos a deshacerse de los "excedentes" que podrían bajar los precios y las ganancias. El efecto neto es mantener los precios de los alimentos altos en los Estado Unidos y eliminar la competencia exterior, especialmente en países en vía de desarrollo. El poeta alemán Bertolt Brecht pudo haber tenido esto en mente cuando escribió: "Las hambrunas no simplemente ocurren —son organizadas por el comercio de granos."

Éstas son las macabras circunstancias de la guerra, la pobreza y la dominación imperialista sobre el mundo. Pero éstas han inflamado una creciente resistencia —hoy especialmente visible en la América Latina.

El giro izquierdista en lo que el gobierno de Estados Unidos ha considerado tradicionalmente su "patio trasero" comenzó con la elección de Hugo Chávez en Venezuela en 1999. En Brasil, Luiz Inácio "Lula" da Silva, un ex–trabajador metalúrgico, líder obrero y del Partido de los Trabajadores, parecía continuar su trayectoria de lucha cuando obtuvo la presidencia en el 2002. Lula decepcionó a sus simpatizantes al abrazar muchas de las políticas neoliberales de sus predecesores y al asumir un rol de potencia subimperial en la región, en estrecha colaboración con los Estados Unidos. Pero la marea de lucha ha continuado en el continente, llevando al poder a Evo Morales en Bolivia, a Rafael Correa en Ecuador y a Fernando Lugo en Paraguay.

En Bolivia, la elección de Morales fue precedida por una insurrección popular que sacó del poder a Carlos Mesa y evitó que tomaran el poder dos candidatos conservadores pro-libre empresa y respaldados por los Estados Unidos. La lucha continúa bajo Morales, con la izquierda criticando las concesiones que él ha hecho a los intereses corporativos multinacionales y, a la vez, defendiéndolo de los ataques de la vieja élite.

El epicentro del giro izquierdista en la América Latina es, sin embargo, Venezuela. Hugo Chávez se declaró a favor del "socialismo para el siglo veintiuno" e invirtió los recursos del gobierno para respaldar organizaciones populares y proyectos sociales tales como masivas campañas de alfabetización. En el 2002, Chávez evitó el destino de otros líderes izquierdistas de la región cuando las masas pobres venezolanas descendieron sobre Caracas para frustrar un golpe de estado respaldado por los Estados Unidos. Los conspiradores del golpe cedieron y Chávez regresó a la capital triunfante.

Chávez lideró reformas sociales e instituciones de poder popular, incluyendo la nacionalización de algunas fábricas bajo el control de los trabajadores. También trató de concentrar el poder político en sus manos y en un círculo emergente de políticos y funcionarios poderosos. Chávez fue un genuino opositor izquierdista al poder de los Estados Unidos en la región y de la tradicionalmente acomodada élite del país. Murió en el 2013 sin comprometerse del todo con el poder popular de las masas y la democracia. Sin embargo, su ascenso al poder y su creciente influencia fueron señales de que la era del neoliberalismo, presidida por el todopoderoso gobierno en Washington, ha llegado a su fin —y que millones están dispuestos a combatir cualquier intento de reimponer su dominación. El escenario está listo para luchas por venir.

CAPÍTULO CUATRO

¿Cuál es la alternativa socialista?

El socialismo se basa en la simple idea de que los recursos de la sociedad debieran ser usados para satisfacer las necesidades humanas, es decir, usar los tremendos logros de la industria, del arte y de cada aspecto de la vida en sociedad, no para hacer a unos pocos ricos y poderosos, sino para asegurarnos de que cada persona en la sociedad tenga lo que necesita para llevar una vida plena y digna, libre de la pobreza, la opresión y la violencia.

Parece un asunto tan obvio —si alguien tiene hambre, debe ser alimentado; si alguien vive en la intemperie, una casa debe ser construida para su refugio; si alguien está enfermo, todos los adelantos de la tecnología médica deben estar a su disposición. ¿Por qué rayos debemos tolerar un sistema, como el capitalismo, que hace todo lo contrario?

Para comenzar, una sociedad socialista tomaría la inmensa riqueza de los acomodados y la usaría para satisfacer las necesidades básicas de todos. En el 2008, el director general de la Organización de la Naciones Unidas para la Alimentación y la Agricultura apeló a los gobiernos del mundo para que le asignaran $30 mil millones al año para una campaña para acabar con el hambre en el mundo. Las fortunas de Bill Gates, Warren Buffett, Larry Ellison y los herederos de Walton cubrirían el costo de la campaña por la mayor parte de la próxima década. Con sólo los bonos de los empleados de los 23 principales bancos de inversiones y otras empresas de Wall Street, podríamos cubrir tres cuartas partes de los $200 mil millones que el Grupo de los 77 —una coalición de países pobres que sufrirán los peores efectos del calentamiento global— pidió en vano en la cumbre climática de Copenhague del 2009 para proyectos con los que encarar la crisis.

Además, todo el dinero malgastado en armas y guerra puede ser invertido en algo útil. El presupuesto federal del 2010 asignó $663.8 mil millones al Pentágono y sus "operaciones contingentes en el exterior". Por sólo el 6 por ciento de los gasto en armas en un año, podríamos contratar a un millón de nuevos maestros, al salario promedio actual. Por menos de la mitad del presupuesto militar, podríamos duplicar el número de maestros a cada nivel del sistema educativo en los Estados Unidos y hacer de nuestras escuelas el motor de un renacimiento tecnológico, cultural y artístico. Si eliminamos los $125 mil millones asignados a los principales programas de armamentos, podríamos duplicar el presupuesto del Departamento de Transporte, y comenzar a hacer algo para mejorar el escandaloso estado en que el transporte público se halla en las ciudades del país más poderoso del mundo.

El gasto militar actual de los Estados Unidos es simple y llanamente desperdicio. ¿Y por qué no deshacernos también de la publicidad? Todo el dinero derrochado en la compra de tiempo para comerciales, para empezar. Pero más allá de eso, imagina todo lo que la gente hoy empleada para promocionar hamburguesas McDonald's y cerveza Miller podría hacer si sus talentos fueran usados para educar a la gente —acerca de qué está haciendo el gobierno o sobre asuntos científicos críticos, como la nutrición.

Los socialistas no tenemos un plan con el cuál construir la sociedad que vislumbramos, porque creemos que es responsabilidad de las generaciones que la vivan hacer eso. Pero muchos elementos son obvios. Tal sociedad garantizará que cada persona tenga lo suficiente para comer y un techo seguro sobre su cabeza. El sistema de educación tendrá que ser libre de costo para el estudiante, desde el prekinder hasta los programas universitarios. Los maestros y estudiantes tendrán una voz decisiva en cómo reorganizar la educación para que las escuelas respondan a sus intereses —el más importante, el desarrollo pleno de los talentos del estudiante. Atención a la salud será gratis para el paciente y accesible, empezando con clínicas bien equipadas y facilidades médicas en cada comunidad. No más cuentas por el gas, la electricidad y los otros servicios. El transporte público podrá ser gratuita, adecuadamente financiada y más eficiente.

Y eso sólo para comenzar. No podrá pasar de la noche a la mañana. Pero si éstas fueran las prioridades de la sociedad, tenemos la certeza de que cada uno haría todo lo posible para cumplirlas lo más pronto posible.

Planificación versus libre mercado

Una sociedad socialista tomaría no sólo la riqueza de las manos de la clase dominante, sino que también su control económico sobre el mundo. Los medios de producción quedarían la propiedad y bajo el control de toda la sociedad. Cada uno podría participar en las grandes decisiones económicas de la sociedad.

Bajo el capitalismo, la dirección general de la economía no es planificada. Los hombres de negocios hacen sus decisiones inversionistas a puertas cerradas, con la esperanza de sacar ventaja sobre la competencia, para introducir el modelo más popular del año, el nuevo producto, la nueva moda. Éxito significa la tajada más grande del mercado, mayores ventas y mayores ganancias. Así, cuánto alimento debe ser producido, cuántos hogares construidos, qué medicamentos investigar y producir, cómo debe ser generada la electricidad —todo se deja a la merced del caos de la libre empresa.

En tiempos de bonanza económica, el éxito parece contagioso. Las empresas invierten con ambición y ven como el dinero entra a sus arcas. Sus ejecutivos son homenajeados en las páginas de *Forbes* y *Fortune* por su asombrosa visión. Pero con el tiempo, cuando suficientes compañías entran a competir y el mercado se satura, las ganancias comienzan a declinar. La fiebre inversionista pasa y comienza a retroceder.

Este, en corto, es el ciclo de expansión y contracción del capitalismo. Se nos dice que las recesiones económicas suceden porque así son las cosas, "algo conocido como los tiempos difíciles", escribió el socialista Upton Sinclair, "un fenómeno natural como el invierno mismo, misterioso, universal, cruel".

Pero nada hay de "natural" o "misterioso" en las crisis económicas del capitalismo. Karl Marx y Friedrich Engels observaron que el rápido auge económico durante las expansiones del capitalismo sienta las bases para el colapso venidero, porque eventualmente los capitalistas producirán más bienes de los que pueden vender a una aceptable tasa de ganancias. Cuando el provecho económico comienza a declinar, las compañías corren a cortar los costos —o sea, reducciones salariales, despidos y cierre de fábricas. Como Marx y Engels escribieron en el *Manifiesto Comunista*:

> En esas crisis se desata una epidemia que en cualquiera de las épocas anteriores hubiera parecido absurda: la epidemia de la sobreproducción. La sociedad se ve repentinamente retrotraída a un estado de barbarie momentánea; pareciera como si una hambruna, una devastadora guerra universal, hubiera cortado cada medio de subsistencia; la industria y el comercio parecen estar destruidos. ¿Y todo por qué? Porque hay demasiada civilización, demasiados recursos, demasiada industria, demasiado comercio.

La idea de la "sobreproducción" es difícil de concebir. La experiencia para la mayor parte de la población en una crisis económica es de no poder obtener suficientes bienes necesarios para la sobrevivencia cotidiana. Si la gente está sin hogar en las calles de New York, entonces, ¿cómo puede haber "demasiada oferta" de apartamentos y "tan poca demanda" para llenar las vacantes? Pero desde el punto de vista de los negocios es posible que haya una oferta "demasiado grande", incluso si la mayoría de la gente tiene la necesidad —la oferta puede crecer al punto en que es demasiada abundante para vender los productos por una buena ganancia, y eso es —para el capitalista— lo que cuenta.

El punto elemental del socialismo será quitar el provecho económico individual de la ecuación. Por lo tanto, los recursos de la sociedad pueden ser propiedad común controlada por todos, por medio de decisiones democráticamente avaladas según lo que la sociedad necesita y quiere, y no según cuánto dinero se pueda ganar. En vez de dejar las decisiones económicas a unos pocos irresponsables en las juntas corporativas, en la sociedad socialista las prioridades, y su implementación, serán discutidas, debatidas y planificadas por todos.

¿En qué manera? Para empezar, cada trabajador tendrá voz y voto en relación a qué, cómo y cuánto producir en su propio lugar de trabajo. Luego, cuerpos de representación más amplios, democráticamente electos, discutirán y decidirán sobre las prioridades generales de la sociedad. La clave es un sistema que responsabiliza a los delegados, ante la gente que los eligió, por las decisiones que toman. Además, es importante señalar que los avances tecnológicos como el internet han facilitado enormemente la comunicación e intercambio de noticias, información y discusión política y social en cualquier esquina del mundo.

Lo que no es el socialismo

¿Es posible que cada uno en la sociedad participe en las decisiones sobre su dirección? Tendrá que serlo, si la planificación socialista ha de funcionar. Es por eso que la sociedad socialista debe ser democrática, pero democrática en un sentido mucho más profundo que en el estrecho sistema actual.

Aunque se repita hasta ser cliché, no es cierto que la democracia y el capitalismo vayan de la mano. Muchos modelos de libre empresa son regidos por dictaduras. Y aún en sociedades que se jactan de ser democráticas, su democracia queda limitada a elegir representantes cada dos o cuatro años. El socialismo será mucho más democrático que el capitalismo.

Para muchos esto parece contradecir lo que han aprendido toda la vida acerca del socialismo. Los récores en la extinta Unión Soviética, la China y otros países proclamados socialistas hoy, parecen demostrar que el socialismo es regido desde arriba por jefes de partido, con una policía secreta o un ejército a la mano para mantener obediente al pueblo.

La verdad es que bajo los cánones de los pioneros de la tradición socialista, ninguno de estos países calza a socialista. Para Marx "la emancipación de la clase obrera por la clase obrera misma debe ser conquistada".

No importa cómo los gobernantes de la URSS, o de otros países, se hayan autoproclamado —igual que no importa para nuestro entendimiento de "democracia" que el Partido Demócrata en EEUU haya sido el partido de los esclavistas del sur antes de la guerra civil, y de la Dixiecracia segregacionista después. La pregunta es si los trabajadores controlan la sociedad. Pero en la URSS, el bloque estalinista y los otros bastiones "socialistas", la experiencia del pueblo obrero no fue, ni es, de libertad o democracia, sino de explotación y opresión, y de alienación de cualquier tipo de poder político o social.

En la URSS, el estado poseyó los medios de producción; pero ¿quién poseyó el estado? Si la respuesta es cualquier otra que la masa del pueblo, expresando su "propiedad" por medio de sistema democrático desde abajo, desde donde se desarrolla la vida cotidiana de la comunidad obrera; si la respuesta es una élite —no importa su "buena intención"— ejerciendo su poder sobre cómo se organiza la sociedad, entonces esa sociedad viola la definición más básica de socialismo.

Otro grupo de países ha rutinariamente sido mal identificados como socialistas, comúnmente naciones europeas con un sistema de bienestar social altamente desarrollado, como Suecia. Aunque sus características "socialistas" han sido talladas en la era del neoliberalismo, estos países, de hecho, pavonean mejores condiciones para sus trabajadores gracias al rol central del estado en proveer una red de seguridad social. Pero, ¿ejerce la clase trabajadora algún control real en esos países? ¿O está subordinada a las decisiones hechas desde arriba?

Detrás de la palabras que utilizan los gobernantes de estas naciones para describirse a si mismos, estos sistemas tienen características similares al capitalismo como lo conocemos en Estados Unidos, particularmente en respecto a una diminuta minoría que ejerce un control preventivo a sobre lo que pasa en la sociedad, y que goza mayor privilegio y poder.

Esto es más claro en países europeos comúnmente asociados con el socialismo. Después de todo, si la posesión de la industria por parte del estado fuera el factor determinante en la clasificación de una sociedad socialista, tendríamos que decir que Margaret Thatcher —la Ronald Reagan de Gran Bretaña— fue al menos parcialmente socialista, pues su gobierno fue dueño de la industria del carbón británica (el tiempo suficiente para hacerle la guerra a los sindicatos mineros) y del Servicio Nacional de Salud.

El mismo punto aplica a la burocracia gobernante en la URSS estalinista. Esta clase dominante, como su contraparte del capitalismo occidental, organizó la producción para satisfacer las demandas de la competencia —no la competencia económica entre capitalistas individuales por dominar el mercado, sino la competencia militar entre capitales estatales luchando por la supervivencia política. Como con el capitalismo occidental, su meta fue exprimir lo máximo posible de la fuerza obrera —en el caso ruso, maquinaria y fábricas que podrían ser dedicadas a la producción militar. Al pensar en la alocada carrera con EEUU para acumular los medios para destruir el planeta durante la guerra fría, se puede ver muy claramente como la lógica de la producción capitalista pudo aplicarse bajo la regla de la burocracia "marxista" de la Unión Soviética.

De la misma manera sucede con países donde los gobernantes "socialistas" no son tan obviamente explotadores y opresores. Por ejemplo, el "socialismo" de Cuba fue producto de una revolución en 1959 que derrocó a uno de los dictadores más corruptos de entonces —un protegido de los Estados Unidos— Fulgencio Batista. Las condiciones de vida para masa del pueblo cubano mejoraron, una vez Cuba fue liberada de la dominación del imperialismo norteamericano, con un gobierno dispuesto a emplear sus recursos sociales y económicos para llevar a cabo una masiva campaña de alfabetización, por ejemplo. La revolución cubana inspiro a los pueblos de Latinoamérica y del mundo a luchar contra el imperialismo y contra sus propias élites locales.

Así, Cuba bajo Castro fue mucho mejor que Cuba bajo Batista, o bajo cualquier otro régimen dirigido por cualquiera de los anticomunistas respaldados por los Estados Unidos que acariciaron el sueño de derrocar a Castro.

Pero "mejor que" no significa socialismo. La masa del pueblo cubano fue y es rutinariamente movilizada en defensa de la revolución, pero no tiene una participación real en la determinación de cómo se organiza la sociedad. Ese poder permanece en manos de una pequeña, y generalmente no electa, élite. En algunos asuntos —por ejemplo, las represivas medidas contra la comunidad LGBT— los gobernantes cubanos son culpables de violar derechos democráticos básicos en un modo que hace una burla de cualquier proclama de socialismo. Pero incluso si aceptamos que la élite cubana gobierna a beneficio del pueblo, la verdad es que ellos *gobiernan* —lo cual es muy diferente a actuar bajo un sistema que los haga responsables de la voluntad democrática de la mayoría.

El socialista americano Hal Draper cristalizó esta discusión hablando acerca de las dos "almas" fundamentalmente diferentes del socialismo. Hay un socialismo desde arriba —ya sea partidos socialdemocráticos compitiendo por el poder en las democracias capitalistas y tratando de implementar políticas sociales dentro de la estructura del libre mercado, o una élite política que gobierna la sociedad a nombre del socialismo a través del control burocrático del estado. Y existe el socialismo desde abajo —una tradición que viene desde Marx y Engels, y que propone la auto-emancipación de la clase trabajadora como clave para el socialismo. Engels elaboró acerca de la centralidad de la democracia y del poder obrero en el socialismo:

> Se sobrentiende que la sociedad no puede ser libre a menos que cada individuo sea libre. Los viejos modos de producción deben ser revolucionados de arriba abajo. Su lugar debe ser tomado por una organización de la producción en la cual, por un lado, ningún individuo pueda imponer sobre otro su parte de la labor productiva . . . y que, por el otro, la labor productiva, en vez de ser un medio para subyugar a otro, sea un medio para su emancipación, al dar a cada individuo la oportunidad de desarrollar todas sus facultades.

Buenas palabras. Pero ¿existe entonces algún ejemplo de socialismo en el mundo de hoy? La respuesta es no. Pero las luchas del pasado nos otorgan una vista parcial de lo que será una sociedad socialista futura. Esa vista parcial, junto a toda la tradición de lucha de la clase obrera, enseña no sólo que el socialismo es posible, sino también el esquema para organizarlo para asegurar democracia y libertad.

Si observamos los mayores alzamientos sociales de los últimos cien años —de la revolución del 1917 en Rusia y los años de experimentación en el poder que tuvo la clase obrera hasta la contrarrevolución estalinista, a la ola revolucionaria en Alemania en los 1920 tempranos, a la revolución española de los años treinta y a Portugal en los 1970, para mencionar sólo algunos— el denominador común fue la participación de las masas. El corazón de estas luchas fue constituido por las acciones y experiencias de las masas de gente que tomaron parte en ellas.

Una característica común a todas fue que en su pico —antes de ser revertidas— desarrollaron sistemas similares para asegurar la participación política de la gran mayoría en el funcionamiento básico de la sociedad, en medio de la lucha en que se hallaban. En cada ocasión, una democracia obrera se materializaba por medio de una estructura de consejos de trabajadores. En Rusia, por ejemplo, los soviets se desarrollaron rápidamente durante las dos revoluciones rusas, en 1905 y 1917, primero como comités electos por lugar de trabajo, constituidos para resolver problemas económicos. Luego, la necesidad de responder a asuntos políticos más amplios condujo a los soviets a hacer redes locales, y luego regionales.

Era natural que estos concejos de trabajadores, creados en medio de una lucha contra el viejo orden, se convirtieran en la base para el ejercicio de poder de los trabajadores en el nuevo orden. Hubo una conexión directa entre la representación de concejos por los lugares de trabajo y la necesidad de decidir cómo usar la riqueza producida en ellos. Sobre esa base les fue posible a los soviets llegar a otros grupos de obreros en la sociedad y ofrecerles una voz.

John Reed, el periodista americano y socialista, autor de *Los diez días que estremecieron al mundo*, relato de un testigo ocular del año 1917 en Rusia, describió el espíritu de los soviets así: "Ningún cuerpo político más sensible y responsivo a las necesidades del pueblo ha sido inventado jamás. Y esto fue necesario, porque en tiempo de revolución, la voluntad popular cambia con gran rapidez."

Los soviets rusos y todos los otros ejemplos de concejos de trabajadores en varios países, a través de los años, comparten características similares: revocación inmediata de delegados, para que los trabajadores controlen por medio del voto; una remuneración no mayor que la de un trabajador representado, para impedir que uno se levante sobre otro; elecciones abiertas en asambleas masivas, no el aislamiento de la caseta de votación.

Muchas de las características más básicas de tal sistema —reuniones y discusiones, método democrático en la toma de decisiones— son conocidas por muchos activistas hoy, y por las cuales han participado en una protesta, un plantón o una huelga. Así como las luchas y los movimientos se desarrollan y maduran, estos ladrillos de democracia de base se conectan para formar estructuras más amplias, reflejando la voluntad de un mayor número de gente. La forma exacta de tal sistema podrá diferir, pero lo importante es el principio democrático incorporado en las luchas pasadas —los delegados del pueblo rinden cuentas frente al pueblo.

La naturaleza humana y el socialismo

Clave para el socialismo es hacer de la igualdad una realidad. Marx expresó esta meta con una simple frase: "De cada cual de acuerdo a su habilidad, para cada cual de acuerdo a su necesidad". Esta idea a veces provoca una muy extraña objeción: el ser humano, dada la oportunidad de agenciarse un modo de vida para si mismo y su familia, su comunidad entera y finalmente todo el mundo, no aceptará esto. Nuestra naturaleza humana, nos dicen, nunca toleraría un mundo de igualdad, aunque pudiera lograrse. Es nuestro instinto natural competir, pelear, envidiar, odiar, etcétera.

Esta alegada aflicción ya no es relegada a algo insustancial —como nuestra "alma inmortal"— del cual el cristianismo postula que proviene nuestro defectuoso carácter. No pasa un mes sin que alguna autoridad científica anuncie el descubrimiento de un nuevo gene que predetermina la violencia, el egoísmo, la criminalidad u otra forma de comportamiento. Aparentemente, nuestro instinto para desear una casa más grande que la del vecino esta imprimido en nuestras células. ¿Pero es cierto esto?

Primero, esta visión de la naturaleza humana es difícil de cuadrar con los actos cotidianos de desprendimiento que son comunes entre la gente, aún bajo el capitalismo: los padres se sacrifican por sus hijos, las familias se ocupan de sus seres queridos, y hay mucha gente comprometida con su comunidad o vecindario. Este espíritu de solidaridad se extiende alrededor del mundo en situaciones de crisis. La destrucción de New Orleans luego del huracán Katrina motivó generosa ayuda alrededor del mundo, incluyendo países receptores de la ayuda de los Estados Unidos.

Es cierto que ese deseo de compartir no está repartido igualmente a través de toda la sociedad. En particular, parece reducirse y morir a lo más alto de la escala de ingresos. Estadísticas de organizaciones caritativas muestran la vieja verdad de que la gente que menos puede, típicamente da más. En la literatura, uno de los personajes de *The Grapes of Wrath*, la gran novela de John Steinbeck, lo expresa así: "Estoy aprendiendo bien una cosa . . . Si estás en problemas, o herido, o en necesidad —ve a la gente pobre. Ellos son los únicos que te ayudarán —los únicos."

En la sociedad, los ejemplos que observamos de competitividad, violencia y avaricia se explican mejor a base de las circunstancias económicas y sociales, y no una inmutable naturaleza humana. La realidad de la escasez —que no hay suficiente para todos— da pie a una mentalidad basada en el egoísmo.

Considera la cuestión del crimen. En primer lugar, muchos crímenes que debieran ser considerados los más horrendos —provocar guerras, forzar a la gente a trabajar en condiciones peligrosas, contaminar el medioambiente— ni siquiera son tipificados. No son crímenes bajo las leyes actuales. Pero aún si nos limitamos a lo que comúnmente se entiende por "crimen", la necesidad económica acecha como la gran razón que motiva a las personas que los cometen. "La primera gran causa del crimen es la pobreza", dijo el renombrado abogado progresista Clarence Darrow en 1914 en un discurso a prisioneros, "y nunca erradicaremos el crimen hasta que no erradiquemos la pobreza."

Si los políticos quisieran realmente combatir el crimen —como a menudo insisten— tomarían medidas para eliminar el desespero económico y social que lo causa, y promoverían políticas para ofrecer empleos bien remunerados, programas para la juventud, guarderías infantiles y ayuda para cualquiera que la necesite. En vez de eso, su solución perenne es más prisiones y sentencias más largas —"enciérralos y bota la llave". Esta actitud sirve un propósito ideológico: alejar la atención de las causas reales de los problemas en el mundo que nos rodea, y enfocar en las debilidades del individuo, el carácter débil o la mala voluntad. Después de todo, si ciertos jóvenes tienen la inclinación a delinquir, ¿de que vale costear programas de empleos juveniles para sacarlos de la pobreza?

Los socialistas le damos otro giro al juego de la culpa, y nos enfocamos en las raíces sociales del crimen. Como escribió el biólogo y evolucionista Stephen J. Gould:

> ¿Por qué imaginar que algún gene específico de la agresión o de la maldad tiene alguna injerencia, cuando bien sabemos que la enorme flexibilidad del cerebro nos permite ser agresivos o pacíficos, dominantes o sumisos, rencorosos o generosos? La violencia, el sexismo y la maldad en general son biológicos sólo en la medida en que representan un subconjunto de un posible universo de comportamientos. Pero la paz, la igualdad y la bondad son también biológicas —y podremos ver crecer su influencia si logramos crear estructuras sociales que les permitan florecer.

En consecuencia, la lucha por crear las circunstancias para que estas conductas positivas florezcan es clave. Fundamentalmente, el argumento por el socialismo es este: si las circunstancias materiales que alimentan la competitividad, la avaricia, la violencia y otras lacras sociales son eliminadas, entonces podemos imaginar una humanidad actuando permanentemente a base a las motivaciones que valoramos: amor, bondad, solidaridad, esperanza.

El socialismo se trata de liberar a la gente de las condiciones que los mantienen sometidos bajo el capitalismo, dándoles la oportunidad para desarrollar en la vida lo máximo de su potencial —para ser doctores o científicos o artistas o lo que quieran. Bajo el socialismo, utilizaríamos nuestro conocimiento tecnológico para eliminar empleos desagradables y alienantes, y compartiríamos en igualdad de condiciones aquellos que no podamos eliminar. El objetivo es un mundo donde el gozo del trabajo es la herramienta de liberación y desarrollo personal, para disfrutar en el tiempo libre las maravillas del mundo que nos rodea.

El capitalismo trunca la creatividad en la gente. Sólo a una minoría le es pedido dedicar sus mentes a pensar acerca de la sociedad —y la mayoría de ellos lo hacen con el propósito de hacer fortunas, no para el logro de un bien común. Imaginemos una sociedad en la cual importa lo que el pueblo obrero piensa acerca de lo que hace — donde lo que un trabajador piensa sobre la velocidad del trabajo en su línea de ensamblaje o sobre la disponibilidad de recursos médicos en un hospital, o lo que un estudiante piensa sobre cómo se enseña la historia o las matemáticas, es importante y valorado. En tal mundo la vida de la gente sería plena en una forma que nunca se conocerá bajo el capitalismo.

CAPÍTULO CINCO

¿Cómo cambiamos el sistema?

Un evento a finales del primer año de la presidencia de Barack Obama simbolizó la brecha entre el cambio prometido y una frustrante realidad: un presidente en guerra recibiendo el Premio Nobel de la Paz.

Obama debió su éxito en la elección, por lo menos durante las primarias demócratas, a la percepción de que él era principal candidato antibélico. Pero aun así, ahí estaba en Oslo aceptando el Premio Nobel de la Paz una semana después de anunciar que escalaría la guerra contra Afganistán, en su octavo año, con un segundo envío de tropas.

Por supuesto, el discurso de Obama empezó por el usual declamo de "gran humildad" por recibir tal honor —justo antes de ofrecer tan feo ejemplo de arrogancia imperialista como los de Bush. "Si algunos errores hemos cometido", pronunció Obama, "el mero hecho es este: los Estados Unidos de América ha ayudado a garantizar la seguridad global por mas de seis décadas, con la sangre de nuestros ciudadanos y la fuerza de nuestras armas. El servicio y sacrificio de nuestros hombres y mujeres en uniforme han promovido la paz y la prosperidad desde Alemania hasta Corea."

¿Ha garantizado seguridad global? ¿Como la de los inocentes afganos hechos pedazos por la bombas estadounidenses arrojadas sobre sus bodas? ¿Promovió paz y seguridad? Pregúntale a la gente en Timor Oriental después de 25 años de genocidio a manos de Indonesia, con sanción estadounidense. ¿La sangre de *nuestros* ciudadanos? Un iraquí podrá contarte de la sangre de *sus* ciudadanos, derramada para proteger el control estadounidense sobre el petróleo del Medio Oriente.

Si la meta de Obama fue obtener el amén de la derecha republicana —quienes lo acusaban de ser amigo de terroristas y consienten a los locos que postulan que Obama nació en Kenya— fue exitoso. "Me gustó lo que dijo", pipió Sarah Palin. Newt Gingrich alabó "un discurso histórico". Walter Russell Mead —cuyo título de condiscípulo superior de Henry Kissinger en política extranjera para el Consejo de Relaciones Exteriores habla por si mismo— no pudo contener su alegría.

> El discurso de aceptación del Premio Nobel de la Paz de Barack Obama fue una defensa cuidadosamente razonada de una política extranjera que difiere muy poco de la de George Bush. Él está saliendo de una guerra, escalando otra y aumentando la presión en Irán. Él está afirmando el derecho soberano de América a actuar unilateralmente en autodefensa, mientras expresa la esperanza de que ese derecho no sea ejercido.
>
> Si Bush hubiese dicho esas cosas, el mundo se llenaría de violentas denunciaciones. Cuando las dice Obama, la gente ronronea. Me parece bien . . . Yo me he deshecho en elogios sobre la capacidad de Obama de vender nuestra política exterior al mundo. Él no sólo le puso labial a la cerda, sino un maquillaje entero y la envió a la escuela de etiqueta.

El discurso Nobel de Obama y la reacción de gente como Mead son aún más evidencia de un hecho básico: cambio real al statu quo nunca vendrá como resultado de la elección de políticos de partidos dedicados a mantener el statu quo.

Los que abogamos por una sociedad diferente debemos decidir como llegar allá. La alternativa realista, se nos dice, es trabajar "dentro del sistema". En un país como los Estados Unidos, el gobierno representa —supuestamente— la "voluntad de la gente", por lo que aquellos que quieran hacer un cambio deben seguir el proceso democrático y "trabajar dentro del sistema". Pero nuestra experiencia durante la administración Obama nos muestra algo diferente acerca del cambio del sistema desde adentro.

Decir una cosa y hacer otra

La campaña presidencial de Barack Obama animó más entusiasmo popular que cualquier otro evento político del establecimiento por más de una generación. Fue un aire reconfortante luego de años de dominio conservador en Washington. Pero lo cierto del caso hoy es que su gobierno actúa muy a menudo como el de sus odiados predecesores.

De hecho, en lo de la fianza a Wall Street, la administración Obama adoptó casi exacto lo que la administración Bush determinó en sus meses finales. Nada sobre nacionalización. Sólo política ejecutiva de pagos, sin dientes, con hoyos tan grandes que hasta el gato más gordo pasa cómodamente. Ni siquiera una reforma financiera, ni nuevas reglamentaciones.

En la cuestión de salud pública, la administración dejó un sistema de pago único —donde el estado cubre a cada uno— "fuera de la mesa" desde el comienzo. Luego comenzó negociaciones con los "interesados" —traducción: el complejo farmacéutico, médico y de seguros de la industria de la salud— gradualmente llegando a ceder incluso en medidas de menor cobertura social como "la opción pública".

Aun en asuntos donde parecía casi imposible bajar a las profundidades de la administración Bush, Obama ha decepcionado. En "seguridad nacional" y asuntos de libertades civiles, el número de veces en que la administración sostuvo las políticas de Bush —juicios por comisiones militares, entrega de prisioneros a regímenes aliados donde la tortura es legal, grabaciones no judiciales, uso del poder ejecutivo para obstruir el procesamiento de oficiales de EEUU por actos ilegales— es mayor que las veces en que cambió el curso.

Obama no es una copia de carbón de Bush. En junio del 2009, el presidente marcó el mes del orgullo LGBT con un poderoso discurso quejándose por la opresión y el acoso todavía "muy común para los miembros de la comunidad lesbiana, homosexual, bisexual y transexual" —seguro palabras que nadie imaginaría escuchar de George W. Bush. Pero algunos días después, el Departamento de Justicia de Obama llegó a la corte a defender el Acta de Defensa del Matrimonio y "No pregunte–no diga" en las Fuerzas Armadas —dos medidas anti-LGBT que Obama como candidato había prometido derogar— contra demandas legales. (Finalmente en el 2012 su administración dejó atrás estas medidas.)

La lista completa sería muy larga. Lo que muestra es que Barack Obama nunca fue el cruzado por el cambio que declamó ser durante la campaña, sino un político mucho más convencional, tan comprometido con el estatu quo como cualquier miembro del sistema político bipartidista que administra Washington.

Si te preguntas por qué la fianza a Wall Street resultó de la manera en que resultó, coteja el directorio telefónico del personal de más alto rango en el Departamento del Tesoro de Obama —en vano buscarás por alguien de los sindicatos, de los grupos progresistas; no hallarás ningún organizador comunitario, nadie asociado con las políticas liberales que presumiblemente representa el presidente, pero sí muchos de los ex empleados del súperbanco Goldman Sachs.

El secretario del tesoro Timothy Geithner, aunque no es un egresado de Goldman, fue un perfecto ejemplar de la clase de gente que compone la administración Obama —cuyas ideas políticas están amarradas al estrecho mundo de la élite financiera y política dentro de la cual ha girado toda su vida profesional.

En el otoño de 2009, bajo la Ley de Libertad de Información, la Associated Press (Prensa Asociada) requirió el registro telefónico y el calendario de Geithner en su puesto como secretario del tesoro. Lo que los documentos mostraron, reportó AP, fue que los principales ejecutivos de Goldman Sachs, Citigroup y JPMorgan Chase forman un pequeño grupo de "ejecutivos de Wall Street que han conocido por años a Geithner, cuyas multibillonarias compañías sobrevivieron la crisis económica con su ayuda, y que pueden alzar el teléfono y contactar al oficial económico mas poderoso de la nación . . . Goldman, Citi y JPMorgan llaman a Geithner por teléfono varias veces al día cuando lo ven necesario, dándoles una oportunidad incomparable de influenciar la política pública."

Sería difícil encontrar un mejor ejemplo de cómo funciona el sistema político en Washington. Se espera que la gente común y corriente tenga alguna influencia en la política de Washington al votar cada dos o cuatro años por los candidatos que respalda. Pero si administras un banco como Goldman Sachs o Citigroup, puedes tener una influencia mucho mayor en la política publica cada dos o cuatro horas, con sólo agarrar el teléfono.

Muchos de los que votaron por Obama pueden ver el efecto que figuras como Geithner tienen en la política pública de la administración. Ellos no siempre dirigen su crítica a Obama, en parte porque piensan que está siendo desviado de sus instintos correctos —los expresados durante su campaña— por malos asesores. Pero tiene mucho más sentido, a la luz de las evidencias, reconocer que Obama es parte del mismo sistema, pro-corporaciones y manejado por el dinero, que durante su campaña electoral prometió cambiar.

En relación a este punto es útil recordar que la campaña de Obama alardeó de haber dependido de "donantes pequeños", con contribuciones de $10, $20 y $50. Pero de acuerdo al Campaign Finance Institute (Instituto para el Financiamiento de Campañas), el 80 por ciento de sus contribuciones vinieron de grandes donantes que dieron $1.000 o más, no de los pequeños, contribuyendo $200 o menos. El número de pequeños donantes de Obama, de todas formas, no tuvo precedentes. Pero tampoco lo tuvieron los $210 millones que el candidato obtuvo de "atadores" y grandes donantes.

Otro dato útil de la elección del 2008: los demócratas desplazaron a los republicanos como los principales receptores de donaciones políticas de un número de importantes industrias. Como dijo un profesor de finanzas de la Universidad de New York al *Washington Post*, la amenaza de re-regulación de Wall Street significó que los fondos de alto riesgo "tienen un fuerte interés en involucrarse en el proceso político . . . En su análisis . . . Obama tiene todas las posibilidades de éxito, por lo tanto sería ventajoso tener una fuerte relación con él." Visto en este contexto, se entiende mejor el generoso rescate económico de la administración Obama a Wall Street, y su renuencia a imponer cualquier costo a los banqueros. Los fondos de alto riesgo, de hecho, compran una voz fuerte en la administración Obama.

El punto no es que Barack Obama sea único en ser influenciado por el poder corporativo, sino cuánto tiene en común con los mismos de siempre en Washington. No es un reformador ni un caudillo, sino el líder de uno de los dos partidos políticos que dominan la política de los Estados Unidos. Ambos partidos tienen una larga historia, no importa la retórica electoral, de administrar el sistema a favor de los intereses de la élite corporativa y política —a menos que hayan sido forzados a actuar de otra manera por la presión desde abajo.

Desde luego, ganar elecciones quiere decir hacer que la gente vote por ellos, pero nadie votaría si los políticos fuesen honestos sobre a quién realmente escuchan. Todos los candidatos —incluso el republicano más acérrimo de los grandes intereses— habla de "servir al pueblo" y darle una oportunidad mejor al americano común.

Pero esto es un fraude que refleja la naturaleza básica del gobierno bajo el capitalismo. Los políticos son la cara pública de un sistema que ha sido diseñado para servir a los ricos. Su función es decir una cosa a la mayoría —para ganar sus votos— y hacer otra —para sus verdaderos jefes. A pesar de sus discursos tan conmovedores, Barack Obama no rompe esta regla.

¿Son diferentes los demócratas?

Los principales partidos del sistema político estadounidense, el Republicano y el Democrático, sirven al capitalismo —en el sentido en que ambos protegen y mantienen las instituciones del capitalismo.

Pero esto no quiere decir que sean idénticos. Ejecutan diferentes roles: el republicano, sin reposo, busca realizar la agenda de las corporaciones, mientras el demócrata busca cooptar la oposición del pueblo trabajador, ofreciendo conciliar con los intereses del statu quo, para preservarlos. En cualquier asunto dado, muchos más republicanos serán más conservadores que la mayor parte de los demócratas, pero la diferencia entre los dos es mínima cuando examinamos las similitudes fundamentales que los unen.

Aun así, en época de elecciones la mayor parte de la gente no tiene buenas oportunidades de discutir las similitudes; y siendo que la alternativa a estos dos partidos es tan limitada, a veces sólo las diferencias parecen importar. Es aquí donde la inmerecida fama de ser "el partido del pueblo" —el partido que mejor protege los intereses de los obreros y las minorías— entra en juego para el Partido Democrático, no importa lo que muestre el registro de su tiempo en el poder.

Un poco de historia: En primera instancia, el imaginario demócrata que lo hizo el "partido del pueblo" viene del tiempo de la Gran Depresión del 1930. Antes de eso fue el partido de los esclavistas del sur, con una pequeña base en el norte organizada por una corrupta maquinaria política que gobernaba las grandes ciudades. Eso cambió después de las reformas hechas en el New Deal (Nuevo Trato) del presidente Franklin Delano Roosevelt, estableciendo las bases para muchos programas que hoy asociamos con el gobierno federal, como el seguro social y el seguro de desempleo.

Estas últimas fueron victorias importantes, y no es de sorprender que el pueblo obrero de entonces viera a los políticos asociados con ellas como amigos. Pero eso no era lo que Roosevelt imaginaba de sí mismo: "[A]quellos que tienen propiedad [fallan] en darse cuenta que yo soy el mejor amigo que haya tenido el sistema de ganancias", dijo él. Roosevelt llevó a cabo el Nuevo Trato como un esfuerzo consciente de evitar un alzamiento social frente a la Gran Depresión.

Roosevelt se postuló para presidente en el 1932 con el país todavía sumergido en la crisis, pero su plataforma no incluyó la protección de los derechos laborales, ni programas gubernamentales de empleo. Al contrario, él dedicó gran parte de su campaña a atacar a su oponente republicano, el presidente Herbert Hoover, por su gasto "derrochador". Roosevelt había prometido reducir el gasto gubernamental para equilibrar el presupuesto.

La magnitud de la crisis económica forzó una respuesta diferente cuando Roosevelt llegó a la Casa Blanca. Sin embargo, la iniciativa para los primeros elementos del Nuevo Trato no provino de reformistas sociales o idealistas, sino de los grandes empresarios del país, incluyendo a Gerard Swope, de General Electric, y Walter Teagle, de Standard Oil, quienes insistieron en que la intervención del estado en la economía era necesaria para controlar los excesos del capitalismo privado.

Roosevelt y los "capitalistas del Nuevo Trato" reconocieron la necesidad de hacer algunas concesiones a las demandas populares. Pero hubo que empujarlos a dar cada paso del proceso. Así, la famosa cláusula 7(a) de la Ley de Reconstrucción Nacional, que protegió el derecho de los sindicatos de negociar colectivamente con los patrones, fue vista por algunos de sus promotores como un medio para promover sindicatos blancos, dominados por la empresa, como una alternativa a los independientes. Fue solamente cuando los mismos trabajadores tomaron la cláusula 7(a) como una herramienta para organizarse —a menudo espontáneamente y sin la dirección de los líderes conservadores de la Federación Americana Laboral— que la nueva ley cobrara significado real. En otras palabras, fue necesaria la acción de base para darle contenido pro-obrero a las reformas de Roosevelt.

Roosevelt fue presionado por la explosión de lucha y protesta —la acción de los desempleados, la "Marcha de los Bonos" de los veteranos de la primera guerra mundial reclamando los beneficios prometidos, el auge de la acción directa contra los desalojos y, especialmente, las huelgas y campañas de sindicalización que culminaron en la oleada de plantones laborales en 1937. Cada concesión a las demandas populares fue hecha de mala gana. El plan de jubilación del seguro social, por ejemplo, fue una medida de concesión: su estructura de financiamiento basada en un impuesto regresivo para determinar los futuros beneficios fue contrapuesta específicamente a un sistema más radical que garantizaría un ingreso digno para cada persona de tercera edad.

Y, desde luego, hubo un precio que pagar por cada logro; Roosevelt concedió las reformas a cambio del voto de los sindicatos. Así la iniciativa de formar un partido político que representara al movimiento obrero fue aplastada, y Roosevelt pudo amarrar la lealtad del movimiento laboral organizado al Partido Democrático —hasta el día de hoy.

Los demócratas jugaron un papel similar durante los disturbios sociales de los años 60. John F. Kennedy y Lyndon Johnson tienen hoy una totalmente infundada reputación de antirracistas porque eventualmente respaldaron algunas reformas pro-derechos civiles. Pero tuvieron que ser forzados a hacerlo.

Aunque los votos de los negros lo impulsaron a la Casa Blanca, Kennedy hizo lo que pudo para pasar por alto el creciente movimiento por los derechos civiles en el sur de los Estados Unidos. Con su hermano, el fiscal general Robert Kennedy, se reunió en privado con los líderes del movimiento, como Martin Luther King Jr., sólo para tratar de usar su influencia para evitar acciones contra la estructura del poder del sur y desalentar las expectativas de cambio. Solamente después de que la lucha de los negros creció a proporciones explosivas fue que Johnson aprobó el Acta de los Derechos Civiles de 1964 y la Ley del Derecho al Voto de 1965, la dos legislaciones claves de derechos civiles en la década de 1960.

Figuras como Roosevelt y Kennedy representan la mejor cara que los demócratas tienen para presentar a su base liberal, pero el partido debe responder también por sus otras caras, como la del senador racista Robert Byrd de West Virginia, miembro del Ku Klux Klan en su juventud; o fanáticos pro-guerra como el senador de Connecticut Joe Lieberman (ahora un independiente); o la larga lista de los auto-denominados "centristas" que gravitaron hacia el conservador Concejo de Liderazgo Democrático (DLC) dentro del partido.

El más famoso ex líder del DLC es Bill Clinton. Cuando la administración de Bush acababa en los últimos años de la década de los 2000, hubo una tendencia a mirar hacia atrás a la presidencia de Clinton con añoranza. Ahí quedó en el olvido la historia del demócrata más conservador en habitar la Casa Blanca desde antes de Roosevelt; una retahíla de promesas rotas que debiera servir de recordatorio de cómo los demócratas dicen una cosa como candidatos y hacen otra una vez en el poder. Cuando Clinton maniobró para ganar cómodamente la contienda electoral en 1996, un conservador molesto pudo decir: "La buena noticia es que vamos a tener un presidente republicano en 1996. La mala noticia es que ese será Bill Clinton."

El problema con los demócratas no es sus miembros particulares —aunque pueden llegar a ser tan indignantes. El problema es que la institución doblega a los individuos para lograr sus propósitos.

Peter Camejo, el socialista quien fue compañero de campaña del candidato presidencial independiente Ralph Nader en el 2004, recordó al público que el candidato demócrata en ese año, John Kerry, fue uno de los veteranos de la guerra de Vietnam que testificaron ante el Congreso en los años 70. Kerry no era el más radical, pero sí acuñó una frase que cristalizó el sentimiento de la mayoría antiguerra: "¿Cómo le pides a un hombre ser el último en morir por un error?" Compare esto con la actitud acomodaticia hacia la invasión de Irak lanzada por Bush, subrayada por su comentario de que había votado para financiar la guerra antes de votar contra ella.

"¿Qué pasó con John Kerry?" preguntaba Camejo. Es sencillo: es lo que 30 años dentro de la maquinaria del Partido Democrático —expuesto a componendas y representando los intereses del sistema financiero y político estadounidense— le hacen a cualquiera.

Esto aplica no sólo a los que ocupan puestos en el Partido Democrático, sino también a las organizaciones liberales cuya visión de la política se limita a los horizontes demócratas. Grupos como la National Organization for Women (NOW, Organización Nacional de Mujeres) se ven a si mismos como portavoces de un sector de la base liberal del partido, pero se han desarrollado para llegar a servir relación con el partido, es decir, aceptar acuerdos para asegurar que el mal mayor, los republicanos, no triunfe sobre el mal menor, los demócratas.

La lógica del "mal menor" es increíblemente nociva. Consideremos el ejemplo de la "reforma al bienestar social", propuesta en los 90 por los republicanos para desmantelar los programas que proveían ayuda a la gente más vulnerable y desesperadamente pobre de la sociedad. Después de cuatro años en la presidencia, Bill Clinton hizo suya la propuesta y la convirtió en ley.

La reforma del bienestar social fue, fundamentalmente, una legislación perniciosa cuyas víctimas fue la gente que menos podía defenderse. Pero los grupos liberales, que pudieron haber organizado una respuesta, insistieron en que era mejor respaldar a Clinton en la elección de 1996, por temor a que viniese algo peor: la victoria republicana. "Este es un mal proyecto de ley, pero una buena estrategia", llegó a decir el representante de New York Gary Ackerman, explicando por qué votó a favor de una ley a la que se oponía. "Para continuar un progreso económico y social debemos mantener al Presidente Clinton en el poder . . . A veces para progresar y avanzar nos toca ponernos de pie y hacer lo incorrecto."

"Ponernos de pie y hacer lo incorrecto." Este es el significado de aceptar la lógica del "mal menor" —que aquellos con ideales de justicia y paz deben apretarse la nariz y votar por un demócrata, que no cree ni en la justicia ni en la paz, simplemente porque es el "mal menor".

Es comprensible que la gente asqueada por los republicanos y su fea retórica quisiera detenerlos, cueste lo que cueste. Parece hasta sentido común tener que respaldar a los demócratas, no porque vayan a hacer algo, sino con la esperanza de que al menos evitemos algo peor. Pero en realidad, esta es precisamente la forma incorrecta de evitar "lo peor". La gente que votó por Bill Clinton porque odiaba las crueles y victimarias propuestas republicanas obtuvo un presidente demócrata que de hecho las implementó. La gente que votó por Barack Obama porque estaban hartos de la guerra de George Bush contra el mundo obtuvo las mismas políticas bélicas, presentadas con más esmero.

La próxima vez que alguien te pida renunciar la idea de que los demócratas de Obama no son diferentes a los republicanos de Sarah Palin, recuerda esto: son diferentes, por supuesto, pero la distancia entre ellos hoy no es mayor que la distancia que estos partidos han transcurrido *juntos* hacia la derecha en los últimos treinta años.

Barack Obama y Bill Clinton pueden lucir algo mejores que George W. Bush y Ronald Reagan, pero no debemos olvidar que los demócratas de ahora son más conservadores que muchos presidentes que les precedieron —incluyendo varios republicanos. Por ejemplo, el presidente republicano Richard Nixon lanzó más programas de antidiscriminación y de acción afirmativa que Bill Clinton. Esto no sucedió porque Nixon fuese más liberal. Al contrario, fue un derechista miserable. Pero Nixon estuvo bajo presión para actuar por los masivos movimientos sociales de los años 60 y comienzos de los 70, algo que ni Clinton ni Obama ha confrontado.

Como lo expresó el historiador Howard Zinn en una entrevista con el periódico *Socialist Worker* tan pronto que Bush subió al poder en el 2001: "No hay nada más importante que el pueblo pueda aprender que el hecho de que lo realmente crítico no es quien esté sentado en la Casa Blanca, sino quien está sentado en las calles, las cafeterías, los pasillos del gobierno, en las fábricas. Quién está protestando, quién está ocupando las oficinas y haciendo demostraciones —esas son las cosas que determinan lo que pase."

¿Se puede arreglar el sistema?

En general, los políticos tienen una muy patética reputación, no importa de qué partido sean. En las encuestas de opinión preguntando a la gente en quién creen más, por lo regular, los políticos compiten con los vendedores de carros usados por el sótano de la liga. Pero la mayoría de la gente tiene más respeto por las instituciones del sistema político de Estados Unidos —o al menos, por los ideales y las tradiciones sobre las cuales fueron fundadas. De hecho, algunos, con una opinión muy radical de lo que está mal con la sociedad, ponen sus esperanzas en una lucha por barrer a los corruptos egomaníacos a cargo de la sociedad y reclamar esas tradiciones para el pueblo.

Librarse de pillos y estafadores es siempre positivo. Pero el problema de la "mayor democracia del mundo" va mas allá de los individuos que trepan a la cima. El sistema mismo ha sido tergiversado en tantas formas que se ha convertido en lo opuesto de un "gobierno del pueblo, por el pueblo y para el pueblo".

¿Como ha sido tergiversado? Por un lado, después de la experiencia de la elección presidencial del 2000, es difícil decir que el pueblo determina quién gobierna en Washington. En ese año George W. Bush perdió el voto popular por medio millón de votos. Pero como sea, ganó la Casa Blanca en el Colegio Electoral, una reliquia del siglo dieciocho diseñada para limitar la democracia y proteger los intereses de los esclavistas. Así sucedió porque una mayoría mínima de los nueve jueces (no electos, sino designados) de la Corte Suprema decidió que el estado de Florida no tenía que contar cada voto depositado en las urnas, sino sólo aquellos que le daban la victoria al candidato cuyo padre o sus alzacolas los habían nominado.

El fraude en Florida desnudó algunos de los sucios secretos de la democracia estadounidense —como a qué nivel flagrantemente se niega el derecho al voto. Para comenzar, 5,3 millones de personas, uno de cada 39 adultos, han perdido su derecho al voto, algunos permanentemente, como resultado de condenas judiciales. Otros han sido privados de su derecho al voto porque nacieron fuera de los Estados Unidos. De acuerdo al censo del año 2000, entre 30 y 40 millones de personas nacidas en el extranjero viven en los Estados Unidos; más de 20 millones de ellos son residentes legales sin derecho al voto excepto en un puñado de localidades.

Y esto es sólo una mirada a las restricciones formales de la "democracia". Las formas en que las elecciones en los Estados Unidos son llevadas a cabo —de las a menudo complicadas reglas para registrarse, a las perennes confusiones del día mismo de las elecciones; sin mencionar las aturdidoras campañas que tenemos que aguantar por meses— casi parecen diseñadas para desanimar a la gente a votar en el día de las elecciones. En el 2008, la elección presidencial produjo la mayor participación en 40 años, una señal del entusiasmo generado por la campaña de Obama, pero la votación sólo llegó al 56,8 por ciento de la población con edad para votar; es decir, dos de cada cinco personas que pudieron haber votado no lo hicieron.

Cuando los mitos son develados, las elecciones en los Estados Unidos parecen un ritual vacío; uno que perpetúa una estructura de poder político en vez de ser una oportunidad para escoger entre dos alternativas. En las elecciones para la Cámara de Representantes entre 1982 y 2004, los legisladores en servicio ganaron su reelección en más del 95 por ciento de las veces —casi lo mismo que en las elecciones durante el apogeo en el poder de la dictadura estalinista de la ex Unión Soviética.

A comienzos del siglo veinte, el presidente Woodrow Wilson dio una descripción muy exacta de lo que pasa en el sistema político de los Estados Unidos: "Imagine que usted va a Washington y trata de llegar a su gobierno. Siempre encontrará que mientras se le escucha con amabilidad, las personas realmente consultadas son las que tienen los grandes intereses —los grandes banqueros, los grandes manufactureros y los lores del comercio ... [L]os dueños del gobierno de los Estados Unidos son los capitalistas y fabricantes combinados de los Estados Unidos."

Un siglo más tarde esas palabras son más acertadas que nunca. No hay nada oculto en la manera en que las corporaciones estadounidenses compran palanca en Washington. Durante el debate sobre la reforma de la salud, la industria gastó muchísimo dinero para asegurarse de que las medidas que podrían amenazar su provecho económico fueran dejadas fuera de la mesa. En consecuencia, la legislación quedó a la medida de sus intereses.

Grandes cantidades llenan las arcas de las campañas electorales de legisladores como Max Baucus, el senador demócrata que manejó el proyecto legislativo de la "reforma" de la salud. Pero las contribuciones electorales no se comparan con el real supermercado de la compra y venta de influencias en Washington: el cabildeo corporativo. Los principales grupos de la industria de salud gastaron un promedio de $1,4 millones diarios en cabildeo en el 2009, para un total de $500 millones, de acuerdo al grupo de observadores Common Cause (Causa Común).

Washington supura dinero. Pero no es que los hombres y las mujeres con asiento en el Congreso no lo supieran antes de llegar a la capital. El análisis hecho por el Center for Responsive Politics

(Centro para la Política Responsiva) a las cuentas reveladas por los miembros de la Cámara y el Senado estimó que casi la mitad eran millonarios en el 2009 —237 de los 535 legisladores. La mediana del valor neto de la riqueza de los senadores fue de $1,8 millones y de $622.254 para los representantes.

Hay una razón por la cual tantos miembros del Congreso son acaudalados. Para contrarrestar el alto costo de ser elegido, sirve tener tu propia fortuna personal. Hace dos décadas, el promedio del costo de una campaña para ganar un escaño en la Cámara de Representantes era de $400.000. Para el 2008, se había más que triplicado a $1,4 millones. El costo promedio de una carrera *perdida* para la Cámara en el 2008 fue casi medio millón de dólares —cien mil más de lo que costaba ganarla 20 años antes.

Siendo así, los representantes electos en Washington no son exactamente representantes de la gente común. Aun sin las contribuciones corporativas y el intenso cabildeo, los miembros del Congreso son inclinados a la misma cosmovisión de los banqueros y ejecutivos de las corporaciones, porque muchos de ellos pertenecen a la misma clase.

Estas son algunas de las razones por las cuales los socialistas no ponemos nuestras esperanzas en elegir al político ideal. Aun cuando existen candidatos verdaderamente independientes de la izquierda para respaldar y votar en las elecciones —tales como lo fue la campaña presidencial independiente de Ralph Nader— votar no es necesariamente la mejor manera de actuar políticamente.

Supuestamente el gobierno es una fuerza neutral en la sociedad, una que puede ejecutar leyes justas y equitativas para tratar a todo el mundo de la misma manera. Pero los gobiernos en las sociedades capitalistas no son de ninguna manera equitativos. Siempre favorecen a la clase dominante.

Una razón es que, como hemos visto, la élite corporativa domina el sistema de soborno legalizado que financia los partidos principales. Sin embargo, existe algo más. El gobierno consiste en algo más que representantes electos. Hay burocracias no electas que toman decisiones críticas que afectan las vidas de la gran mayoría. Ahí esta el aparato judicial, jueces federales, desde las cortes bajas hasta la Corte Suprema, que nunca enfrentan una elección. Y detrás de todo esto está lo que Friedrich Engels llamó "cuerpos de hombres armados" —la policía y las fuerzas armadas. Formalmente el Pentágono responde a los políticos electos, pero en realidad es un poder en si mismo.

Debido a esto, aun gente con la mejor intención de "hacer la diferencia" cuando son candidatos en una elección, encuentran que una vez en el poder, en vez de poder empujar las palancas del poder para cambiar el sistema, se dan cuenta de que las palancas del poder los empujan a ellos. Lo mejor que pueden hacer es *administrar* el sistema que buscaban *cambiar*.

Consintámonos un sueño. Imaginemos que Barack Obama llegó a la Casa Blanca listo a combatir a favor de las políticas respaldadas por la mayoría del pueblo que lo llevó al poder. Pretenderemos que Obama tuvo la intención de meter fuego a los banqueros con nuevas y fuertes regulaciones y restricciones, de liderar un mayor rol del gobierno en el sistema de salud, de detener los abusos de la empresa privada y de sacar *todas* las tropas de Irak y Afganistán lo más pronto posible.

¿Que pasaría? A minutos de tomar el poder, esta versión alterna de Obama hubiera recibido una visita del secretario de tesoro y del presidente de la Reserva Federal. Ellos le hubieran dicho que Wall

Street y América Incorporada no respaldarían su agenda a menos que negociara, y que tomarían acción si él persistiera —por ejemplo, sacando dinero del país para no pagar impuestos, causando turbulencia en los mercados financieros. Y desde el Pentágono, el líder de la Mesa Directiva del Personal le enviaría un mensaje similar: ninguna cooperación, a menos que la Casa Blanca "moderase" su posición.

Aun el presidente de Estados Unidos —el hombre más poderoso del mundo— no puede personalmente dictar cambios políticos si estos amenazan los intereses de la élite gobernante en cualquier manera significativa. Los bancos, las corporaciones, el Pentágono, el sistema político —todos juntos— tienen suficientes armas a su disposición, dentro y fuera del gobierno, para derrotar al más obstinado político.

Y recuerden: esta fantasiosa versión de Obama ni siquiera es radical. Si algún socialista fuera de algún modo mágico puesto en la Oficina Oval en vez de Obama —o en cualquier otro puesto político— confrontaríamos aún más resistencia por parte de la clase dominante. El problema es que sin un cambio fundamental en lo que el gobierno representa y en cómo las decisiones son tomadas, incluso un presidente socialista estaría muy limitado en lo que ella o él pudiera hacer.

Estas son las dificultades confrontadas por alguien que busca trabajar dentro del sistema político para lograr un cambio significativo. En los Estados Unidos —o en cualquier país— el establecimiento político no es un vehículo que pueda ser redirigido para lograr nuestros objetivos. La baraja ya está echada contra cualquiera que ponga un reto serio a los intereses y las prioridades de la clase dominante, desde una institución diseñada para proteger su poder.

Además, piense en los efectos para la gente que trata de trabajar desde adentro. No importa cuan buenas sean sus intenciones, ni cuan fuerte su compromiso, al confrontar la resistencia de los capitalistas, la respuesta "realista" es siempre negociar y hacer concesiones —tratar de llegar a algún acuerdo que sea aceptable para todas las partes. Pero cuando esto es la prioridad, la política se convierte en el arte de hacer concesiones, afectando los planes y la visión de la gente que trató de lograr cambios dentro de un sistema de esta manera amañado.

Los oficiales electos son sólo una parte del gobierno bajo el capitalismo. Y en una serie de trágicos ejemplos de la historia reciente, han resultado ser la parte dispensable —cuando la clase dominante decidió poner a un lado la democracia y gobernar por la fuerza. El más infame caso ocurrió en Chile. El socialista Salvador Allende fue elegido presidente en 1970 representando un limitado programa de reformas, que incluían la nacionalización de algunos sectores de la economía. Muchos tomaron esto como una señal de que el socialismo podría ser construido por medio de las elecciones, aun dentro de un sistema capitalista. Sin embargo, por los tres primeros años, los capitalistas chilenos —y sus aliados internacionales, especialmente en Estados Unidos— hicieron de todo para sabotear a Allende. El secretario de estado norteamericano, Henry Kissinger, llegó a declarar: "[N]o veo por qué tenemos que quedarnos quietos y ver como un país se vuelve comunista por la irresponsabilidad de su pueblo." Allende hizo concesión tras concesión, pero esto nunca fue suficiente para saciar a la reacción. Cuando llegó el momento propicio, los generales de Chile se movieron, ejecutando un golpe militar que tomó las vidas de miles de trabajadores chilenos, junto con la de Allende.

Nuestros gobernantes prefieren reinar sobre un sistema político que provee la apariencia de la democracia, pero que les da una mayor influencia sobre qué y cómo las decisiones son hechas. Pero si surge una fuerza que amenaza este poder, están dispuestos a echar la democracia por la borda y a gobernar por fuerza bruta.

En su conjunto, estas realidades del sistema político bajo el capitalismo demuestran por qué los socialistas concluyen que el sistema no puede ser reformado. La sociedad capitalista no puede ser cambiada de manera fundamental si trabajamos por medio de las estructuras políticas diseñadas para mantener su statu quo.

En vez de elegir a políticos bien intencionados, nuestro objetivo es mucho mayor: una lucha social para derrocar y rehacer el sistema desde su base. Eso es lo que una revolución hace —despojar el poder de las manos de los de arriba que toman decisiones sin tener en cuenta cómo afectan nuestras vidas; deshacer la maquinaria estatal organizada para preservar el establecimiento político; y construir un sistema completamente diferente, más democrático, para la toma de decisiones —por todos— sobre el funcionamiento de la sociedad.

Esto no quiere decir que a los socialistas no les importan las reformas. Dedicamos la mayor parte de nuestro tiempo a las luchas por lograr cambios al sistema. Estas reformas hacen la vida de los trabajadores más llevaderas, aumentan su poder aquí y ahora, y aumentan la confianza del pueblo en la lucha política por ganar más cambios. Como escribió la revolucionaria polaca Rosa Luxemburgo:

> ¿Podemos contraponer la revolución social, la transformación del orden social existente, nuestra meta final, a las reformas sociales? Ciertamente no. La lucha diaria por las reformas, por el mejoramiento de la condición de los trabajadores dentro del esquema del orden social existente, y por instituciones más democráticas, ofrece a los socialistas un medio único de participar en la lucha de

clases proletaria, y de trabajar hacia la meta final —la conquista del poder político y la supresión del trabajo asalariado. Entre la reforma social y la revolución existe . . . un lazo indisoluble. La lucha por las reformas es un medio; la revolución social es la meta.

Los socialistas luchamos por reformas. Pero las reformas en sí no son suficientes —porque pueden ser arrebatadas mientras el movimiento repliega sus fuerzas. Necesitamos una revolución porque la sociedad capitalista no puede ser cambiada fundamental y permanentemente de ninguna otra forma.

CAPÍTULO SEIS

"Si no hay lucha, no hay progreso"

Cuando los socialistas hablamos de la necesidad de una revolución para transformar la sociedad, somos acusados de ser poco realistas y utópicos. ¿Realmente esperamos que algún día ocurra una revolución en los Estados Unidos?

Pero la pregunta no debiera ser *si acaso* una revolución en los Estados Unidos sea posible, sino *si otra* revolución puede ocurrir. Este país ya ha tenido dos revoluciones. La primera, en 1776, derribó el gobierno colonial de la monarquía británica y produjo una nueva nación, organizada bajo un gobierno representativo y, probablemente, el sistema democrático de mayor alcance conocido en el mundo hasta ese punto. Pero esa revolución dejó enormes hoyos: el crimen de la esclavitud y la falta del voto a todos menos una minoría de hombres propietarios.

Como resultado de las contradicciones no resueltas en la primera revolución, los Estados Unidos pasó por otra revolución social noventa años más tarde, la guerra civil de 1861–65, la que eliminó la esclavitud. Hoy en día, el crédito por "liberar a los esclavos" a menudo es otorgado a Abraham Lincon y quizás a unos cuantos generales. Pero el norte nunca hubiese ganado la guerra contra el sur sin la participación activa de masas populares. Los mismos esclavos y ex esclavos negros jugaron un papel importante, así como los agitadores del movimiento abolicionista en el norte. También fueron centrales en esta transformación los soldados del ejército norteño, muchos de los cuales empezaron la guerra sin una idea clara de su propósito, pero con el tiempo se convencieron de la necesidad de abolir la esclavitud.

Estas no fueron revoluciones socialistas. La guerra independentista de 1776 y la guerra civil fueron revoluciones contra un gobierno colonial, la primera, y contra la esclavitud, la segunda, que dejaron intacto el sistema económico capitalista. Pero nadie puede negar que estas luchas transformaron la sociedad americana; y ciertamente, desmienten la idea de un país siempre estable y políticamente moderado.

De esa época para acá se han producido levantamientos que no han montado revoluciones pero que han estremecido al país desde su base: la lucha obrera por la jornada laboral de ocho horas durante los 1880; el "gran año rojo" del 1919, cuando uno de cada cinco trabajadores en los Estados Unidos estuvo en huelga; las batallas de los años 30 por los derechos laborales; y los años 60, una era que abrió con el movimiento por los derechos civiles y cerró con una lucha que cuestionó casi todo el andamiaje de la sociedad, desde la guerra contra Vietnam hasta la opresión de la mujer y la comunidad LGBT.

Mirar al pasado de esta manera —a sus conflictos sociales y luchas políticas— es diferente a lo que se hace en las mal llamadas clases de historia en las escuelas. Para comenzar, la forma en que la historia usualmente se enseña —repasando los nombres y las fechas importantes— va patas arriba. La historia depende mayormente no en lo que hicieron o pensaron algunos "grandes hombres", sino en las acciones de las grandes masas, especialmente durante los tiempos en que se organizaron en rebeliones y revoluciones. No es que figuras como Thomas Jefferson y Abraham Lincoln no sean importantes. Pero lo que ellos hicieron y por lo que son recordados hoy fue de hecho logrado por la acción política de las masas olvidadas. Como el mismo Lincoln escribió en una carta, "Reconozco no haber controlado los eventos, mas bien confieso sencillamente que los eventos han tenido control sobre mí."

El socialista Bertolt Brecht cristalizó este punto en un poema llamado "Preguntas de un trabajador que lee":

> ¿Quién construyó Tebas de las siete puertas?
> En los libros hallarás los nombres de los reyes.
> ¿Cargaron los reyes los trozos de rocas?
> Y la Babilonia tantas veces destruida
> ¿quién la levantó tantas veces? ¿Y en qué casas
> de la dorada Lima viven sus constructores?
> ¿A dónde, la tarde en que la Muralla de China fue terminada,
> fueron los albañiles? . . .
>
> El joven Alejandro conquistó la India.
> ¿Lo hizo solo?
> Cesar venció a los galos.
> ¿No tuvo siquiera un cocinero con él?
> Felipe de España lloró cuando su armada
> sucumbió. ¿Fue él el único que lloró?
> Federico II ganó la guerra de los siete años.
> ¿Quién más la ganó?

Cada página una victoria.
¿Quien cocinó el festín para los victoriosos?
Cada diez años un gran hombre.
¿Quien pagó la cuenta?

Algo más fluye de la visión socialista de la historia. Se nos enseña que el cambio político y social, si sucede, sucede a paso seguro y gradual. Si un grupo de gente se organiza para mostrar su oposición a una injusticia, se les dirá que sean pacientes, que dejen que el sistema trabaje.

Pero esto va en contra de toda la historia de lucha por la justicia y la igualdad. Así, por ejemplo, en la primera mitad del siglo diecinueve, casi todo político de Estados Unidos, en el norte y en el sur, creía que la esclavitud de los negros desaparecería eventualmente si la esclavitud sureña se dejara ir por su cuenta. Estaban equivocados. La esclavocracia creció cada vez más poderosa debido a la importancia de la producción del algodón para la economía mundial. Al final, fue necesaria una guerra civil para terminar con el horror.

Nombra un movimiento en la historia de los Estados Unidos: derechos civiles, el voto para la mujer, la jornada de ocho horas, la oposición a las guerras de los Estados Unidos —cada uno de ellos confrontó los llamados a la calma y la moderación. "Por años hasta esta fecha", escribió Martin Luther King Jr. en sus "Carta desde la cárcel de Birmingham", "he escuchado la palabra '¡Espera!' Suena en el oído de cada negro con penetrante familiaridad. Este 'Espera' casi siempre significó 'Nunca'. Debemos llegar a ver, con uno de nuestros distinguidos juristas, que 'la justicia tardía es justicia denegada'." La determinación de los activistas a no "esperar" es la razón por la cual el movimiento por los derechos civiles terminó en victoria.

Los Estados Unidos es supuestamente el más estable de los países. Pero aquí también, las revoluciones y los alzamientos sociales son un tema constante y crean un legado político aun cuando a tiempo desaparecen. La mayoría de las reformas que los trabajadores dan por hecho hoy son producto de esas rebeliones. El seguro de desempleo, por ejemplo, fue introducido como parte del Nuevo Trato del presidente Franklin Roosevelt en los años 1930. Roosevelt no produjo la idea, y ciertamente no la apoyó de primeras, pero fue forzado a adoptarla debido a la Gran Depresión y la amenaza de la masiva presión social desde abajo. Roosevelt se lleva el crédito en los libros de historia, pero esto no cambia el hecho de que él fuera *forzado* a actuar.

La lucha política es la clave. El gran líder abolicionista Frederick Douglass lo hizo claro con estas palabras:

> La historia entera del progreso de la libertad humana muestra que toda concesión hecha en su augusto nombre ha nacido de una lucha ferviente . . . Si no hay lucha, no hay progreso. Aquellos que profesan favorecer la libertad pero menosprecian la agitación son hombres que quieren cosechar sin arar la tierra; quieren la lluvia sin el trueno ni el relámpago. Quieren el océano sin el espantoso rugir de sus poderosas aguas. La lucha puede ser moral, o puede ser física, y puede ser ambas, moral y física, pero debe ser una lucha. El poder no concede nada sin demanda. Nunca lo ha hecho y nunca lo hará.

Un poder más fuerte que su acaparado oro

Por cientos, si no miles de años, la mayoría de las sociedades alrededor del mundo han estado divididas entre explotadores y explotados —entre una clase dominante que arregla la sociedad en su propio interés y las vastas clases explotadas cuya labor es la fuente de la riqueza y del poder de los que gobiernan. Bajo cada sistema, el mayor conflicto ha sido entre estas dos clases sobre quién gobierna, quién es gobernado y cómo. Karl Marx y Friedrich Engels lo expresaron así en el Manifiesto Comunista: "La historia de toda sociedad hasta ahora existente es la historia de la lucha de clases. Libres y esclavos, patricios y plebeyos, señores y siervos, capataces y jornaleros, en una palabra, opresor y oprimido enfrentados el uno al otro, han llevado una lucha ininterrumpida, a veces velada, a veces abierta."

En todas estas sociedades, los oprimidos han soñado con un mundo de igualdad y justicia donde acabe su opresión. Y los oprimidos han luchado por ello, desde la rebelión de los esclavos contra el Imperio Romano dirigida por Espartaco, hasta los levantamientos campesinos en Europa, entre muchos más.

Por lo tanto, los ideales del socialismo no son nuevos. Pero alcanzarlos ha sido una posibilidad sólo en los últimos siglos —y en la mayor parte del mundo, en sólo los últimos cien años. ¿Por qué? Porque el socialismo no puede ser organizado a base de la escasez. A menos que la abundancia sea una realidad, seguramente habrá una lucha por quién obtiene qué, y esa lucha está destinada a producir una sociedad de clases, en la que un grupo de personas organiza el sistema para asegurar su subsistencia aunque la de otros esté en peligro. Cualesquiera sean sus avances en el pasado, las sociedades anteriores al capitalismo no pudieron producir lo suficiente para eliminar la escasez. Sólo bajo el capitalismo el conocimiento humano y la tecnología han sido elevados al punto en que es posible alimentar a, vestir a, poner un techo sobre, cada persona en el planeta.

Con el capitalismo, ya no hay razón natural alguna para que la pobreza exista. Pero abolir la pobreza significa deshacerse del sistema que la causa —y eso requiere una fuerza social capaz de tal tarea. Marx y Engels argumentaron que en el proceso de su desarrollo, el capitalismo produce "sus propios sepultureros" —la clase obrera— con el poder de volcar el sistema y establecer una nueva sociedad no dividida entre gobernantes y gobernados.

¿Por qué Marx y Engels señalaron a la clase obrera? No es porque los trabajadores sufren lo peor del capitalismo. Los socialistas nos enfocamos en el papel que ellos despliegan en la economía capitalista. Su trabajo produce las ganancias que hacen que el sistema ande en marcha, así que la clase obrera en su totalidad, además de ser la gran mayoría de la sociedad, tiene un poder especial que ningún otro grupo social tiene para paralizar el sistema —forzando el sistema de provecho económico a un alto al no trabajar.

Los trabajadores franceses han demostrado este poder repetidamente en décadas recientes. En el 2006, por ejemplo, los estudiantes comenzaron a combatir una nueva propuesta de legislación laboral que hubiese creado un período probatorio de dos años para cada trabajador recién empleado y menor de veintiséis años de edad, durante el cual podría ser despedido sin aviso. Cuando las principales federaciones sindicales del país convocaron a varias huelgas generales, Francia quedó paralizada, con las escuelas, la transportación pública, las oficinas de gobierno y una variedad de industrias y servicios cerrados. Después de que un día de huelga en abril llevó a tres millones de personas a las calles a protestas en todo el país, el gobierno se retractó y retiró la ley.

Luchas que no tienen que ver directamente con asuntos laborales pueden tener un impacto muy profundo si involucran a trabajadores ejerciendo su poder *como* trabajadores. Este fue el caso en la segregacionista Sudáfrica, por ejemplo, cuando el aumento en luchas de los trabajadores negros en la década de los 1980 sacudió el sistema más drásticamente que todas las previas luchas, resultando en el fin del régimen racista del apartheid.

Una huelga *general* de trabajadores a través de la economía puede paralizar a un país entero y poner de rodillas a su gobierno. Esto sucedió en Polonia en 1980 con la revuelta del sindicato Solidaridad. El levantamiento comenzó con una huelga de estibadores en Gdansk, pero se extendió rápidamente para involucrar a diez millones de trabajadores a través del país. Dentro de semanas, comités de obreros, democráticamente organizados, se esparcieron para organizar la huelga y tomar decisiones sobre cómo proveer servicios esenciales. El gobierno estalinista estuvo incapacitado, incapaz de imponer su orden, por más de un año. Antes de la huelga de los trabajadores polacos, nadie había imaginado que un estado policíaco aparentemente todopoderoso podría ser sacudido, pero los trabajadores cortaron el flujo sanguíneo vital del sistema —la riqueza que creaban con su trabajo.

Las luchas organizadas sobre una base de clase tienen el potencial de unir a la mayoría trabajadora para que todos los desposeídos tengan una lucha común —no sólo por sus demandas compartidas sino por las demandas especiales de los grupos oprimidos. Pero el proletariado tiene este poder solamente si permanece unido. "El trabajo en piel blanca no puede autoemanciparse donde es vendido y marcado en piel negra", escribió Marx sobre la esclavitud en Estados Unidos.

Una de las críticas más frecuentes hechas al marxismo es que se centra en una clase que ha estado disminuyendo en importancia y en número a medida que el capitalismo envejece. Lo que quieren decir es que en países avanzados, la clase obrera industrial —en overol— ha disminuido en proporción al conjunto de la fuerza laboral. Pero a nivel internacional, el tamaño de la clase obrera industrial es más grande que nunca —y aun en países avanzados, no deja de ser una parte importante de la economía.

Más importante aún, la idea de que los marxistas sólo se preocupan por los trabajadores industriales es equivocada —y va de la mano con una visión del proletariado como exclusivamente masculino, trabajando solamente en fábricas y dedicados al trabajo manual. Marx definió a la clase obrera no por el tipo de trabajo que un individuo hace, sino por su posición en la sociedad, como "una clase de labradores que vive sólo si encuentra trabajo y que encuentra trabajo sólo si su labor aumenta el capital". En otras palabras, la clase obrera consiste de gente que tiene que vender su capacidad laboral por un salario para poder subsistir. Esto aplica no sólo a los trabajadores de overol de las fábricas, sino también a los que trabajan en oficinas, en el sector de servicio y otros.

Por lo tanto, cuando los marxistas hablamos de la clase obrera, no nos referimos a la minoría que entra en la estrecha categoría ocupacional de operarios, sino que hablamos de la gran mayoría en la sociedad —en un país como los Estados Unidos, esto encaja cerca del 75 por ciento de la población.

Los cambios en el movimiento laboral americano dan una idea de la diversidad del proletariado moderno. De acuerdo al Center for Economic and Policy Research (Centro para la Investigación Económica y de Política Pública), en el 2008, las mujeres formaban el 45 por ciento de los trabajadores organizados, aumentando por 35 por ciento desde hace un cuarto de siglo. Los latinos fueron el grupo de más rápido crecimiento, duplicando su representación en veinticinco años, y sólo uno de cada diez trabajadores organizados tenía un trabajo en la manufactura.

Casi todo país del mundo hoy tiene una clase obrera enorme, y las luchas de las décadas recientes han mostrado la creciente presencia de la clase obrera como una poderosa fuerza social en los países más pobres. Es imposible, por ejemplo, hablar de la Venezuela de Chávez sin reconocer el rol del movimiento laboral en la lucha por el control obrero de las fábricas, o de Evo Morales en Bolivia sin mencionar los movimientos insurreccionales que prepararon el escenario para su victoria en las urnas. En la China, la estrategia neoliberal del régimen de dejar al mercado libre hacer y deshacer ha sido acompañada por una gran ola de huelgas —en el 2008, hubo 127,000 "incidentes masivos", el deliberadamente ambiguo término usado por el gobierno para denominar huelgas, protestas y disturbios.

A mediados del siglo diecinueve cuando escribían Marx y Engels, la clase obrera internacional era pequeñísima —quizás dos o tres millones de personas, concentradas en la Inglaterra, unos cuantos países en Europa noroccidental y a lo largo de la costa nororiental de los Estados Unidos. Hoy, en tan sólo Corea del Sur hay más proletarios que los que hubo alrededor del mundo en los tiempos de Marx y Engels.

En cada lugar del planeta, la vida de la gente es determinada por la necesidad de trabajar para sobrevivir. Pero la otra cara de la moneda de esta realidad es que los trabajadores tienen un poder enorme. Las palabras finales del Manifiesto Comunista de Marx y Engels son hoy más relevantes que nunca: "Los proletarios no tienen nada que perder sino sus cadenas. Tienen un mundo que ganar."

¿Pueden los trabajadores transformar la sociedad?

Si fuésemos a juzgar sólo a base de lo que vemos a nuestro alrededor día en día, parecería difícil creer que la mayoría obrera se pueda organizar para lograr una sociedad socialista. La mayor parte de los trabajadores no son revolucionarios. En las elecciones del 2008 un número significativo votó por John McCain, Sarah Palin y los republicanos. Y aun muchos que se oponen a los planes pro-corporativos y pro-guerra de Washington aceptan un número de ideas que justifican el statu quo la mayor parte del tiempo: viejo cliché de que no puedes pelear contra la alcaldía, la creencia que la gente en la cúpula de la sociedad está de alguna manera especialmente dotada para administrarla, y otras por el estilo.

Esto se debe en parte a que estamos continuamente expuestos a varias instituciones que dedican sus recursos a reafirmar tales mitos y prejuicios. Los medios de comunicación masiva son un ejemplo. Las noticias televisadas muestran historias sensacionalistas de crímenes y violencia, o excitantes y enjundiosos chismes sobre las celebridades, mientras que las discusiones sobre asuntos reales que afectan la vida de todos son limitadas. Los pobres son estereotipados y estigmatizados, mientras se celebra la riqueza y el poder de los adinerados. Aun los programas que tienen la intención de entretener tienden a reafirmar la sabiduría convencional.

El sistema de educacion ha sido palpablemente diseñado para enfatizar la conformidad. Mientras una minoría de estudiantes están siendo entrenados para gobernar la sociedad, la experiencia escolar para la gran mayoría es una de enajenación. A los estudiantes se les enseña a competir unos contra otros desde el kinder y aun antes. El objetivo subyacente es motivarlos a aceptar las condiciones que ven a su alrededor en vez de confrontarlas.

Con todas las tacañas y egoístas ideas promovidas por estas instituciones de autoridad bajo el capitalismo, es un milagro que sobreviva algún sentido de solidaridad. Sin embargo, la solidaridad existe. Esto es muy obvio en las demostraciones de caridad en casos de desastres sociales como las hambrunas o los terremotos. Pero aun en la cotidianidad, la sociedad simplemente no podría funcionar sin un sentido básico de cooperación y sacrificio entre la gente común —en el seno familiar, por ejemplo, o entre compañeros de trabajo.

La sociedad capitalista opaca esta decencia básica, porque el sistema está organizado para la avaricia y el interés propio. Obviamente, aquellos a cargo salen adelante siendo lo más avaros posible. Pero la gente trabajadora es forzada —quiéralo o no— a participar en una carrera de ratas sobre la que no tiene control alguno. Confrontados los unos a los otros, los trabajadores compiten por mantener sus empleos y su nivel de vida en una lucha diaria que a menudo parece controlar su vida entera.

Como resultado, la idea de que la gente pueda unirse para el cambio social puede parecer distante y poco realista. La falta de poder produce lo que aparenta ser apatía entre la gente —sobre su propio futuro y el futuro de la sociedad.

Por esto no es suficiente hablar sobre por qué el socialismo puede ser una excelente alternativa al capitalismo. También es necesario hablar sobre la lucha necesaria para llegar allí, y cómo esa lucha transforma a la gente, dándole confianza en su propio poder. Como lo expresó Karl Marx, "La revolución es necesaria no sólo porque la clase dominante no puede ser derrocada de otra manera, sino también porque solamente con una revolución puede la clase que la derroca liberarse de toda la sociedad antigua, y estar preparada para fundar una nueva sociedad."

La resistencia es el primer paso para retar los prejuicios aprendidos de la experiencia de vivir en la carrera de ratas capitalista. Esta dinámica se puede observar aun en una huelga pequeña. Las huelgas casi siempre comienzan por algún asunto específico en el lugar de trabajo —por ejemplo, salarios y beneficios. Pero no importa qué sea la queja original, trabajadores que se consideran ciudadanos obedientes a la ley están actuando en contra de lo que la sociedad les ha enseñado. La resistencia también requiere unidad, llevando a los trabajadores en huelga a cuestionar las divisiones en su base —entre negros y blancos, entre hombres y mujeres, entre nativo e inmigrante. A medida que una huelga progresa, la solidaridad y una comprensión más amplia de los asuntos en juego se hacen tan importantes como la queja original.

Los cambios ocurridos pueden ser profundos. En diciembre del 2008, los trabajadores de Republic Windows & Doors en Chicago se enteraron de que su fábrica cerraría y ellos no recibirían los beneficios de indemnización por despido garantizados por la ley. Decidieron que no tolerarían esto —literalmente. Los trabajadores de Republic ocuparon su fábrica —una de las primeras ocupaciones de fábricas en los Estados Unidos desde la década de los 1930.

La ocupación de Republic galvanizó el movimiento obrero local. Grupos de trabajadores de toda la ciudad llegaron día tras día a brindar su apoyo y a participar en las demostraciones y mítines. Activistas del movimiento por los derechos de los inmigrantes, que había atraído a cientos de miles a las mega-marchas del primero de mayo en años previos, se reconectaron y tuvieron un intercambio de ideas con nuevos aliados. Igual ocurrió con activistas de otros movimientos. Después que doscientos participantes protestaron fuera del edificio del condado Cook como parte de un día de acción por el matrimonio gay, muchos de ellos marcharon por varias cuadras para protestar al frente del edificio del Bank of América para exigir justicia para los trabajadores de Republic. Varias semanas más tarde, luego de que la ocupación había culminado en victoria, los trabajadores de Republic enviaron una representación a una reunión sobre el futuro de la lucha LGBT —enfatizando el hecho de que los trabajadores reconocían las conexiones entre su propia lucha por la justicia y otras luchas en la sociedad.

En el curso de cualquier lucha, los activistas comprometidos a combatir por un asunto en particular confrontar cuestiones similares: ¿Qué clase de cambio queremos? ¿Quiénes son nuestros aliados? ¿Cómo estamos relacionados con otras luchas? ¿Cómo nos organizamos para triunfar?

Tomemos como otro ejemplo la lucha de los abolicionistas contra la esclavitud del siglo diecinueve, que nos dejó las famosas palabras de Frederick Douglass: "Si no hay lucha, no hay progreso". Esa fue, de hecho, una conclusión duramente ganada por los abolicionistas, operando en un mundo donde la sabiduría convencional proclamaba que la esclavitud desaparecería con el tiempo y que el sentido humano de la sociedad estadounidense prevalecería. Existía una amplia gama de gente comprometida con la causa, pero con diferentes ideas y estrategias. Al final, la lucha no pudo progresar hasta que los abolicionistas llegaron a la conclusión de que la esclavitud no desaparecería por si sola, porque era parte integral de la economía, de la prensa y de cada institución social, y que para abolirla habría que organizarse para tomar acción.

De la misma forma, los estudiantes universitarios afroamericanos que se unieron al movimiento por los derechos civiles tenían la esperanza al principio de que la desobediencia civil por si sola avergonzaría al gobierno federal y éste actuaría contra la segregación. En 1960, una activista del recién formado Student Non-Violent Coordinating Committee (SNCC, Comité Coordinador Estudiantil de No Violencia) dijo a un reportero que ella era motivada por los valores tradicionales americanos, y que si se le diese oportunidades educativas, "quizás algún día, un negro podría inventar uno de nuestros misiles [nucleares]".

Unos cuantos años después, muchos miembros del SNCC se consideraban a si mismos revolucionarios. Habían vivido los Freedom Rides para desegregar las líneas de autobuses interestatales, el asesinato de activistas por los derechos civiles durante el proyecto de registro de votos en el Verano de la Libertad del 1964, y la traición del Partido Democrático a los delegados del movimiento por los derechos civiles en su convención nacional de 1964. Estas experiencias convencieron a muchos de que la lucha contra la injusticia racial sólo podía ganarse uniéndola a la lucha contra otras injusticias —y por un tipo de sociedad diferente, de una vez y por todas.

Esta transformación fue repetida a través de los años 1960 y los primeros de la década de 1970. Aquellos estudiantes blancos que se ofrecieron como voluntarios para el Verano de la Libertad utilizaron las habilidades aprendidas en el movimiento por lo derechos civiles para organizar la lucha contra la guerra en Vietnam. El movimiento del Poder Negro ofreció a los opositores a la guerra una visión más clara de otras injusticias que hacía falta combatir. Los activistas antibélicos a la vez lanzaron la lucha por los derechos de la mujer, incluyendo el derecho a optar por el aborto. De todas estas luchas, la izquierda revolucionaria renació en los Estados Unidos y alrededor del mundo durante la década del 1960.

Las luchas de la década de los 1960 son prueba de que las ideas pueden cambiar con enorme velocidad. En períodos de gran agitación social, millones y millones de personas que han dedicado sus energías a toda clase de asuntos, de momento tornan su atención a la cuestión de la transformación social.

Las mayores luchas —revoluciones que revuelcan el orden social existente— producen los cambios más extraordinarios en las personas. Lo que es más impresionante acerca de la historia de las revoluciones es la manera en que la gente común, amaestrada toda la vida a ser dócil y obediente, de repente encuentra su voz.

La caricatura de revolución expresada por muchos historiadores es la de un pequeño grupo de fanáticos armados, tomando el control del gobierno y administrándolo para enriquecerse a si mismos. Esta visión solapa la principal fuente de violencia social: aquella cometida cada día, en una multitud de maneras, en una sociedad basada en la opresión y la injusticia. El gran escritor Mark Twain desenmascaró todos los piadosos discursos acerca de la violencia revolucionaria cuando defendió la revolución francesa de 1789 y sus principios de libertad, igualdad y fraternidad, contra aquellos que la catalogaban como "un reinado del terror" incitado por turbas enardecidas:

> Hubo dos Reinados del Terror, si lo recordáramos y lo consideráramos: uno que causó muerte en violenta pasión, el otro en sangre fría y sin corazón; uno duró apenas unos meses, el otro duró mil años; el primero causó la muerte a diez mil personas, el

otro la de cientos de millones . . . El cementerio de una ciudad podría contener los ataúdes llenados por aquel breve Terror, ante el que nos han enseñado diligentemente que todos temblemos y lloremos, pero toda Francia apenas podría almacenar los ataúdes llenos por aquel más viejo y real Terror, al que a ninguno de nosotros nos han enseñado a ver en su vastedad o en la piedad que merece.

Sumado a la hipocresía en cuanto a la violencia y la revolución, hay otra falsedad: que el socialismo es algo logrado por un pequeño grupo conspirador. Tales grupos han organizado revoluciones, pero una revolución *socialista* no puede ser lograda por una minoría, no importa qué tan genuinamente quiera mejorar la vida de la mayoría. Esto es así porque el corazón del socialismo es la participación de las masas. Como explicó el revolucionario ruso León Trotsky:

> La característica más indudable de una revolución es la interferencia directa de las masas en los eventos históricos. En tiempos ordinarios, el estado —sea monárquico o democrático— se eleva sobre la nación, y la historia es hecha por especialistas en esa línea de negocios: reyes, ministros, burócratas, parlamentaristas, periodistas. Pero en esos momentos cruciales cuando el viejo orden ya no puede ser aguantado por las masas, ellas rompen las barreras que las excluían de la arena política, tiran a la vera a sus representantes tradicionales y crean, con propia interferencia, las bases iniciales para un nuevo régimen . . . La historia de una revolución es para nosotros, ante todo, una historia de la forzosa entrada de las masas en el dominio de la administración de su propio destino.

Los escritores derechistas que pasan juicio sobre las revoluciones tienden a enfocarse en el punto final: la insurrección armada para derrocar un gobierno y tomar el control político. Pero esto es sólo el acto final de una revolución. Es el clímax de un período mucho más largo de lucha, en el cual los dirigentes de una sociedad enfrentan una creciente crisis a la vez que los trabajadores aumentan la confianza en su propio poder.

Al principio del proceso, las metas hacia el cambio pueden ser modestas —unas pocas reformas en la forma de operación del sistema. Pero la lucha por cambiar éste o aquél aspecto de la sociedad genera interrogantes más profundas. La gente comienza a notar las conexiones entre la lucha en que están involucradas y otros asuntos —y la naturaleza del propio sistema. La organización de la lucha da a los trabajadores un sentido más profundo de su habilidad para administrar la sociedad por sí mismos. La toma del poder político es el paso final de una revolución que ya se ha sentido en cada lugar de trabajo, en cada comunidad y en cada esquina de la sociedad.

Diez días que estremecieron al mundo

La revolución rusa de 1917 es hasta ahora la única revolución socialista en triunfar y sobrevivir por algún tiempo. Aunque la experiencia del poder obrero fue breve —un lapso de menos de diez años antes de que la revolución fuera derrotada— ofrece una mirada, mejor que ninguna otra, de cómo el socialismo luciría.

Por esto es que la revolución rusa ha sido motivo de incontables mentiras y calumnias: la principal entre ellas, que la revolución fue un golpe de estado organizado por los maestros de la manipulación, Lenin y Trotsky. Nada queda más lejos de la verdad. La semilla de la revolución estuvo en el odio de las masas hacia el zar Nicolás II, y la miserable pobreza y guerra que presidió. La revolución rusa empezó en febrero del 1917 con demostraciones espontáneas para conmemorar el Día Internacional de la Mujer Obrera, que se extendieron rápidamente en cuestión de días, hasta que la capital, Petrogrado, fue paralizada y el zar derrocado.

Lejos de ser un golpe de estado, la revolución dependió de la acción de las masas —en miles de confrontaciones, como la descrita por Trotsky en su *Historia de la revolución rusa*, entre un grupo de trabajadores y los cosacos, la más brutal y temida unidad del ejército zarista:

Los trabajadores en la Erikson, una de las principales fábricas en el distrito Vyborg, luego de una reunión matutina, salieron por el Bulevar Sampsonievsky, una masa entera, 2.500 de ellos, y en un angosto lugar se encontraron con los cosacos. Cortando camino con los pechos de sus caballos, los oficiales arremetieron primero contra la masa. Detrás de ellos, llenado a todo ancho el Proyecto, galoparon los cosacos. ¡Un momento decisivo! Pero los jinetes, cautelosamente, en larga hilera, pasaron por el corredor abierto por los oficiales. "Algunos sonrieron", recuerda Kayurov, "y uno de ellos le dio una guiñada a los trabajadores". Esta guiñada no estaba falta de significado. Los trabajadores se animaron con una amigable, no hostil, confianza y contagiaron un poco con ello a los cosacos. El que guiñó encontró imitadores. A pesar de renovados esfuerzos de los oficiales, los cosacos, sin romper abiertamente la disciplina, no lograron dispersar a la multitud, sino que fluyeron a través de ella en filas. Esto se repitió tres o cuatro veces y trajo a ambas partes aún más cerca. Algunos cosacos empezaron a responder a las preguntas de los trabajadores y aun a entrar en conversación espontánea con ellos. De su disciplina quedaba sólo una fina y transparente coraza que amenazaba con romperse en cualquier momento. Los oficiales se apresuraron a separar su patrulla de los trabajadores, y abandonando la idea de dispersarlos, alinearon a los cosacos al frente de la calle, haciendo barrera para prevenir que los manifestantes llegaran al [centro de la ciudad]. Pero aun esto no funcionó: parados en perfecta disciplina, los cosacos no previnieron que los trabajadores se "sumergieran" bajo los caballos. La revolución no escoge sus senderos: hizo sus primeros pasos hacia la victoria bajo la barriga del caballo de un cosaco.

Si Lenin y Trotsky, y el Partido Bolchevique que dirigían, terminaron siendo líderes del nuevo estado obrero, fue porque se ganaron esas posiciones. Los bolcheviques eventualmente llegaron a ser una mayoría de los representantes en los soviets, los consejos de trabajadores. En aquel momento, nadie con conocimiento de la situación cuestionó este respaldo masivo. Como escribió Matov, un prominente oponente de los bolcheviques, "Entiendan, por favor, que lo que tenemos ante nosotros, después de todo, es un levantamiento victorioso del proletariado —casi todo el proletariado respalda a Lenin y busca su liberación social con este levantamiento." Aun el acto final de la revolución —la insurrección armada de octubre, en que los trabajadores tomaron el poder del gobierno capitalista que había reemplazado al zar— fue llevado a cabo con el mínimo de resistencia y violencia.

El carácter popular de la revolución rusa queda claro también al observar sus logros iniciales. La revolución puso fin a la participación rusa en la primera guerra mundial —una carnicería que dejó muertos a millones de trabajadores en un conflicto entre las potencias imperialistas por el dominio del mundo. La entrada de Rusia en la guerra había sido acompañada por una ola de fervoroso patriotismo, pero masivamente los rusos llegaron a rechazar la matanza por su propia amarga experiencia. Los soldados de quienes el zar dependía para defender su gobierno cambiaron de lado y se unieron a la revolución —un paso decisivo en Rusia, como lo ha sido en todas las revoluciones.

La revolución rusa también desmanteló el imperio zarista —lo que Lenin llamó "la prisión" de naciones que sufrieron por años bajo la tiranía del zar. Con la revolución, estas naciones obtuvieron el derecho incondicional de autodeterminación. El monarca ruso había usado el más brutal antisemitismo para apuntalar su dominio; después de la revolución, los judíos lideraron los concejos de trabajadores en las dos ciudades más grandes de Rusia. Las leyes prohibiendo la homosexualidad fueron abolidas. El aborto fue legalizado y hecho disponible a quien lo solicitase. Además, la revolución comenzó a remover esa antigua carga del "trabajo de la mujer" en la familia, organizando el cuido de los niños, la cocina y la lavandería comunalmente.

Pero el mero hecho de enumerar las proclamas no capta la realidad del poder obrero. Rusia era una sociedad en proceso de rehacerse de abajo para arriba. En las fábricas, los trabajadores empezaron a hacerse cargo de la producción. El enorme campesinado del país tomó las tierras de los grandes terratenientes. En las comunidades de las ciudades, la gente organizó toda clase de servicios comunales. En general, las decisiones sobre toda la sociedad llegaron a ser decisiones en que toda la sociedad participaba. Rusia se convirtió en una caldera de discusión política, donde las ideas de todos formaban parte del debate sobre el camino a seguir. Las memorias de los socialistas que vivieron la revolución están impregnadas por este sentido de apertura de los horizontes de la gente. Krupskaya, veterana del bolchevique y esposa de Lenin, lo describió así:

> Las calles en esos días presentaban un espectáculo curioso; en todos lados la gente se paraba en grupos, argumentando ardientemente y discutiendo los últimos eventos. Estos mítines callejeros eran tan interesantes que una vez demoré tres horas caminando desde la calle Shirokaya a la Mansión Krzesinska. La casa en que vivíamos miraba hacia un jardín, y aun allí, si abrías la ventana de noche, podías escuchar una acalorada disputa. Un soldado estaría allí sentado, y siempre tenía quien lo escuchaba —a menudo algunos de los cocineros o amas de llaves de la casa vecina, o alguna gente

joven. Una hora después de la medianoche podías escuchar fragmentos de conversaciones —"Bolcheviques, Mencheviques . . ." A las tres de la mañana, "Milyukov, Bolcheviques . . ." A las cinco — todavía la misma conversación de la reunión en la esquina de la calle, hablar, política, etcétera. Ahora, las blancas noches de Petrogrado siempre están asociadas en mi mente con aquellas trasnochadas disputas políticas.

La tragedia es que el poder obrero sobrevivió sólo un tiempo corto en Rusia. En los años que siguieron a 1917, las principales potencias mundiales —incluyendo los Estados Unidos— organizaron una fuerza invasora que batalló en respaldo de la escoria zarista— ex generales, aristócratas y una amalgama de los arrimados— en una guerra civil contra el nuevo estado obrero. La revolución sobrevivió este asalto, pero pagó un precio terrible. Para 1922, como resultado de la guerra civil, una hambruna asoló a Rusia y la clase obrera —la clase que había hecho la revolución— fue diezmada. El elemento básico necesario para que el socialismo sobreviva —abundancia, en vez de escasez— fue destruido.

Ni Lenin, ni ningún otro líder de la revolución rusa, tuvo ilusiones de que un estado obrero pudiese sobrevivir en este barbarismo, sin el respaldo de revoluciones en los países más avanzados. Los revolucionarios rusos pensaron que la lucha internacional por el socialismo podía comenzar en Rusia pero debía terminar con una revolución socialista internacional. Una ola de agitación abrumó a Europa luego de la revolución rusa y puso fin a la primera guerra mundial, derribando monarquías en Alemania y el Imperio Austrohúngaro y haciendo tambalear muchas otras sociedades. Pero los trabajadores no lograron tomar el poder en ningún otro lugar, por cualquier período de tiempo. Así, la revolución rusa quedó aislada.

En estas desesperadas circunstancias, la devastada clase obrera rusa no pudo ejercer su poder a través de los concejos de trabajadores. Más a menudo las decisiones fueron hechas por un grupo de burócratas estatales. Al principio, el propósito fue mantener vivo al estado obrero hasta que ayuda llegara en la forma de una revolución internacional. Pero eventualmente, a medida que la esperanza por una revolución internacional se desvaneció, la principal figura de la burocracia, Josef Stalin, y sus aliados comenzaron a eliminar a toda la oposición a su mandato —y empezaron a tomar decisiones enfocadas en proteger y aumentar su propio poder. Aunque continuaron utilizando la retórica del socialismo, empezaron a deshacer todos los logros obtenidos por la revolución —sin excepción. Los soviets se convirtieron en meras rúbricas de las decisiones del régimen. El imperio del zar fue reconstruido.

La contrarrevolución no se consolidó sin oposición. En particular, Leon Trotsky lideró la lucha para defender los principios socialistas de la revolución. Para finalmente consolidar el poder, Stalin tuvo que asesinar y/o perseguir al exilio a cada líder sobreviviente de la revolución de 1917. Rusia bajo Stalin se convirtió en lo opuesto a un estado obrero. A pesar de que usaban frases socialistas, Stalin y los matones que le siguieron administraron una dictadura en la cual los trabajadores eran tan explotados como en los estados capitalistas del occidente.

Lamentablemente, muchas personas asocian el socialismo con la tiranía de Stalin. Los seguidores del capitalismo nos animan a hacerlo. Después de todo, ¿qué mejor argumento contra el socialismo que la idea de que cualquier intento de obtener un cambio no puede sino producir otro Stalin? Pero el triunfo de Stalin en la Rusia no fue inevitable. Fue el resultado del aislamiento de una revolución obrera en un mar capitalista —ahogándola hasta su derrota final.

Sin embargo, ninguna de las calumnias puede borrar lo que la revolución rusa logró: el experimento más radical en la historia del mundo, hasta el presente, en democracia obrera.

La revolución rusa ocurrió hace un siglo en el país más atrasado de Europa. Obviamente estamos en una mejor posición hoy —algo que ha quedado claro por ejemplos de lucha proletaria desde entonces. La historia del siglo veinte está llena de explosiones sociales en las que la lucha obrera ha sido central. Desde España, Francia y Portugal en Europa a Irán en el Medio Oriente, a Chile en Suramérica, a Hungría y Polonia bajo la dictadura estalinista en Europa Oriental— todas muestran el poder de los trabajadores para desafiar el statu quo y presentar una alternativa.

Aunque hayan fracasado en establecer el socialismo, estas explosiones revolucionarias trajeron vida a la masa de la población. Y de eso es lo que el socialismo se trata: una sociedad creada por la inmensa mayoría y organizada sobre la base de las prioridades decididas por la mayoría. Como escribió el autor británico de libros infantiles Arthur Ransome sobre el nuevo mundo del que fue testigo en la revolucionaria Rusia:

> Hemos visto el vuelo de las jóvenes águilas. Nada puede destruir ese hecho, aun si, más tarde en el día, las águilas caen a tierra una por una, con las alas rotas . . . Estos hombres que han hecho el gobierno soviético en Rusia, si fracasan, fracasarán con escudos limpios y corazones limpios, habiéndose esforzado por un ideal que vivirá después de ellos. Aun si fracasan, ellos, comoquiera, habrán escrito una página en una historia más valiente que cualquier otra que yo pueda recordar en la historia de la humanidad.

CAPÍTULO SIETE

Socialismo, la lucha y tú

"Siempre que pienso en el dinero, me quedo muda porque no tengo nada . . ." Mucha gente se siente como Tammy Linville. Para fines del 2009, la residente de Louisville, Kentucky, había estado sin empleo por 18 meses, desde que perdió su empleo en la Oficina del Censo. Su compañero estaba trabajando en una planta Ford en el vecindario, pero no a tiempo completo. La pareja tiene dos niños, y Tammy, de 29 años de edad, le dijo a un reportero del *New York Times* que "había comenzado a economizar *quarters* [monedas de 25 centavos de dólar] —para los pañales". Dijo que sufría ataques de pánico, causados por el constante temor: "Yo no sé qué vamos a hacer."

Muchos millones de personas en los Estados Unidos viven con el mismo temor. Terminando el 2009, más de uno de cada seis adultos compartía la misma situación: estaba sin trabajo o trabajando a tiempo parcial porque no podía encontrar un trabajo a tiempo completo. Los efectos de la crisis son tan severos que son difíciles de comprender en su totalidad. De acuerdo a un estudio hecho por el Center for Economic and Policy Research (Centro de Investigación

Económica y Política), la Gran Recesión costará a los trabajadores más de un billón de dólares en pérdidas de salarios.

Alrededor del mundo, mientras avanza el siglo veintiuno, las condiciones son cada día más desesperantes para un mayor número de personas, y las amenazas de la guerra y el desastre ambiental nos asedian a todos. Encontrar alternativa a este statu quo es urgente.

Los perfiles de esta crítica situación se veían venir a fines del 2008, sin embargo muchos millones de personas en Estados Unidos, y en todo el mundo, miraban al futuro con un sentido de esperanza. Luego de ocho largos años, el corrupto y violento período de la administración Bush estaba terminando. Más aún, el nuevo presidente parecía prometer un cambio en la forma de hacer política en Washington.

Pero el camino de Barack Obama de "Sí se puede" a "No lo haremos" ha sido una amarga decepción para sus seguidores; y esto no es porque la gran mayoría espera un milagro. Aún peor, en muchos temas Obama no falló en cumplir, sino que ni siquiera trató de cumplir; después de todo, las suyas fueron medio promesas. En vez de luchar por un cambio en los asuntos que inquietaban a sus seguidores, Obama resultó ser un defensor del statu quo.

Naomi Klein habló a nombre de muchos cuando escribió después de la desastrosa cumbre climática en Copenhague del 2009: "Entiendo el argumento sobre no prometer lo que no se puede cumplir, sobre la disfunción del Senado de los Estados Unidos, sobre el arte de lo posible. Pero evítame el discurso sobre el poco poder que tiene Obama. A ningún presidente, desde FDR [Franklin D. Roosevelt], se le ha otorgado tantas oportunidades de transformar los Estados Unidos en algo que no amenace la estabilidad de la vida sobre el planeta. Él ha rehusado usar cualquiera de ellas."

Cae de maduro sobre la política bajo el capitalismo: si los líderes políticos no sienten la presión desde abajo, sucumben a la omnipresente presión desde arriba —de Wall Street, de las corporaciones, del establecimiento político y militar. Cualquiera que quiera el tipo de cambio que la presidencia de Obama parecía prometer tendrá que actuar de suyo para lograrlo.

"En este mundo, los hombres pueden no obtener todo lo que pagan, pero ciertamente pagan por todo lo que obtienen", dijo Frederick Douglass. "Si alguna vez vamos a ser libres de la opresión y los males amontonados sobre nosotros, tendremos que pagar por su remoción."

Entonces, ¿por dónde comenzamos? Vale la pena mirar cómo resurgió la lucha por los derechos civiles y la igualdad para la comunidad LGBT en el primer año de la administración Obama, en su mayor parte por fuera del ámbito de la política convencional y de las organizaciones liberales que sustentan el sistema.

Comenzó con una derrota: la aprobación de la Propuesta 8 en California, que eliminó el derecho al matrimonio para las parejas del mismo sexo, ganado previamente a través de una decisión de la Corte Suprema.

Simpatizantes del movimiento por la igualdad de derechos matrimoniales salieron furiosos a la calle en la noche de la elección, luego la noche siguiente, y la siguiente, continuando cada día por el resto de la semana. La protesta se extendió desde los grandes centros urbanos de California hacia ciudades más pequeñas, desbordando las fronteras del estado para llegar a ciudades de todo el país. A menos de dos semanas después de la elección, un llamado a un día de acción nacional convocó demostraciones en trescientas ciudades.

De estas protestas y marchas surgieron nuevos grupos, literalmente de la noche a la mañana en algunos casos, reclutando gente con poca o ninguna experiencia del activismo político, pero con un valioso entusiasmo por organizarse. Estas fuerzas se convirtieron en la columna vertebral de la Marcha Nacional por la Igualdad en octubre del 2009, la cual aunque construida con escasos recursos, llevó a más de 200 mil personas a Washington, y estableció su objetivo de una completa igualdad para la comunidad LGBT, en todos los asuntos sujetos a leyes civiles, en todos los cincuenta estados.

Entre los demócratas, esta marcha fue catalogada de "una pérdida de tiempo" unos días antes por el congresista Barney Frank a un periodista, y agregó: "Estarán poniendo presión en nada más que el pasto". Aun renombradas organizaciones LGBT, como Human Rights Campaign (Campaña por los Derechos Humanos), tomaron una actitud similar, aunque públicamente menos despectiva, ofreciendo su respaldo simbólico sólo al último minuto.

La Marcha por la Igualdad Nacional fue un importante paso más allá de la actitud de "espera, aún no". El movimiento LGBT tiene por delante un camino largo. Habrá derrotas y victorias, y altibajos en la actividad. Pero su fuerza de base muestra una visión y una estrategia diferentes, urgentemente necesitados por otros movimientos.

El movimiento LGBT por los derechos civiles ilustra además otra cosa: lo que hace cada persona tiene importancia. Sin el puñado de gente, muchos sin experiencia activista, que tuvieron la iniciativa de convocar las demostraciones en y después del día de las elecciones, la respuesta prevaleciente al éxito de la Proposición 8 pudo haber sido la desmoralización. Sin individuos y organizaciones que adoptaran como suyo el llamado a la movilización nacional y que hicieran el duro trabajo de organizar para traer gente, el burlón comentario de Barney Frank hubiera sido la última palabra sobre la Marcha por la Igualdad Nacional.

Lo que hagamos, o no, es importante. La política no es algo que sucede sólo en Washington. No pertenece sólo a los políticos ni los comentaristas, ni a los líderes sindicales o de organizaciones liberales o de derechos civiles. La política nos pertenece a todos —porque la forma en que enfrentemos las cuestiones políticas y actuemos en respuesta, contribuirá a decidir el curso de la sociedad.

Una de las principales características de las décadas recientes ha sido una generalizada frustración y amargura con todo asunto político en los Estados Unidos, desde las guerras hasta la desigualdad, la opresión y los deteriorados niveles de vida para la clase trabajadora. Pero esa amargura no ha sido contrarrestada por un nivel comparable de lucha y movilización política. En los últimos años de la administración Bush, la mayoría de la población se opuso fuertemente a la guerra contra Irak, pero las iniciativas legislativas multimillonarias para gastos de guerra se aprobaron por el Congreso con una oposición meramente simbólica por parte de los demócratas, mientras las manifestaciones antibélicas fueron pocas y muy distantes unas de otras. Por su parte, el rescate económico a Wall Street enfureció enormemente a mucha gente, pero con la excepción de algunas protestas simbólicas, el movimiento laboral lo ignoró.

No existe atajo para cerrar la brecha entre la ira y la acción. Los movimientos políticos y sociales con respaldo y movilización de base, suficientemente amplios como para constituir una alternativa al establecimiento, con poder real de cambiar el statu quo —por ejemplo, el movimiento por los derechos civiles— no nacen ya formados. La historia de toda lucha por la libertad y la justicia demuestra que tales movimientos tienen que construirse paso a paso.

Hay momentos en los que luchan alcanzan puntos altos, como el boicot a los autobuses en Montgomery, Alabama, el cual empezó cuando Rosa Parks fue arrestada en diciembre del 1955 por reusarse a ceder su asiento a un hombre blanco. Pero también debemos recordar los momentos que precedieron esos puntos, cuando Rosa Parks fundó la oficina local de la NAACP, cuando asistía a reuniones en el centro Highlander Folk en Tennessee para discutir el futuro de la lucha, cuando participó en innumerables protestas contra la segregación que no resultaron en un levantamiento de la población afroamericana. Esos momentos establecieron la base para aquellos que aún recordamos.

En un sistema basado en la desigualdad y la injusticia, hay asuntos en cada esquina de la sociedad sobre los cuales necesitamos organizar. Pero acción o falta de acción —una protesta, reuniones de planificación, caravanas de buses hacia Washington, o si las pancartas son hechas y qué dicen— depende de lo que la gente decida.

El porqué de la organización socialista

Cuando llegan esos momentos cumbres de la lucha, las cosas pueden cambiar rápidamente: en especial las ideas de la gente sobre qué está mal, qué se debe hacer y si algo se puede hacer. Al tomar acción, aun por demandas limitadas, la gente empieza a aprender quienes son sus aliados, quienes sus enemigos, y qué tácticas funcionan, o no, para avanzar su causa.

Pero las ideas no cambian todas a la vez. En cualquier movimiento hay algunos más resueltos a confrontar a los jefes o los

poderes políticos existentes, más dispuestos a dar la cara por los oprimidos y más comprometidos con la lucha por una alternativa
política. Pero tampoco la gente se queda sin cambiar. El nivel de
conciencia cambia bajo el impacto de eventos reales —victorias y
derrotas en una lucha, el clima político en general, etcétera—
marchando a veces adelante y a veces atrás.

Asimismo, a cada paso del camino existen ideas diferentes sobre
qué hacer en relación a cada asunto. Algunas personas verán la
necesidad de tomar acción o de hacer la conexión con otras cuestiones políticas. Otros argumentarán que la protesta sólo empeoraría
las cosas. Y otros tendrán ideas sobre formas innovadoras de actuar,
ajenas a las estrategias que han sido utilizadas hasta ese momento.
Los resultados de estas discusiones y debates le dan forma al resultado de la lucha.

Esta es una forma en que la participación de los socialistas —expresando las lecciones de luchas pasadas y proponiendo un camino
adelante— puede ser muy importante. Los socialistas que forman
parte de una organización pueden compartir sus experiencias y llegar a un entendimiento común sobre qué hacer, ya sea en el lugar de
trabajo, en la comunidad o en una escuela. Lo compartido en tal manera fortalece a los miembros de la organización para llevar esa experiencia y entendimiento a cualquiera actividad política en la que
estén involucrados.

Nada de esto sería de ningún beneficio para un partido político
como el democrático. Este existe por una razón: para elegir demócratas a los escaños. Para ello necesitan que sus simpatizantes ayu-
den a recaudar dinero y voten por ellos cada par de años —y eso es
todo. Pero sus partidarios de base no tienen mecanismo alguno para

influenciar a sus líderes. En otras palabras, el Partido Democrático es completamente antidemocrático.

Los socialistas tenemos metas diferentes, por eso nuestras organizaciones políticas tendrán que ser diferentes. Necesitamos socialistas activos no a cada par de años sino cada día. Necesitamos socialistas en cada lugar de trabajo, respondiendo a quejas y a cuestiones políticas. Necesitamos socialistas en cada comunidad para involucrarse en los asuntos de vivienda, escuelas y la violencia policíaca. Necesitamos socialistas en los campus organizando mítines y protestas. Necesitamos socialistas en cada esquina habitada por el pueblo obrero, trabajando sin descanso, ayudando a organizar la lucha, promoviendo discusiones políticas y educándose ellos mismos y a otros.

Para lograr esto, una organización socialista revolucionaria debe ser mucho más democrática que otras organizaciones políticas bajo el capitalismo. Necesitamos juntar las experiencias de todos los que forman parte de la lucha, así como aquellas legadas a nosotros por la historia de la lucha obrera, y hacerlas parte de una base común para organizar alrededor de ellas. Esto significa debate y discusión a través de toda la organización, y una estructura que haga rendir cuentas a aquellos elegidos a posiciones de liderazgo.

Pero una organización socialista además debe ser centralizada, para así estar presta a actuar a base de las discusiones y decisiones democráticas que emanan de ella. Sin centralismo que haga responsable a los miembros para llevar a cabo las decisiones de la mayoría, los procedimientos democráticos para la toma de decisiones no tendrían sentido alguno.

El asunto de la organización es una de las más controversiales para el movimiento socialista. La mera idea de que los socialistas puedan ser parte de una organización es vista con sospecha y total hostilidad, no sólo por la derecha sino también por muchos en la izquierda. Una razón es el efecto persistente del estalinismo, el cual convirtió a supuestos partidos comunistas, en la URSS y alrededor del mundo, en aparatos jerárquicos en dónde hubo centralismo, pero sin democracia.

Pero otra razón es más profunda. Particularmente entre aquellos que son nuevos en la izquierda hay a menudo una reacción instintiva contra la idea de que cualquiera en el movimiento pueda ser responsable de una decisión con la cual difiere, aunque sea una decisión de la mayoría. Después de todo, reza el argumento, si combatimos por un nuevo mundo basado en la libertad, ¿por qué no debiera nuestro movimiento reflejarlo, aquí y ahora? ¿No debería la gente ser libre de actuar de la manera que piensa es la mejor?

El problema con esto es que hoy no vivimos en un mundo de libertad —y el otro lado está organizado para mantenerlo así.

En el capitalismo, la clase dominante preside un sistema altamente estructurado y estratificado, diseñado para perpetuar la explotación y la opresión. A pesar de toda la verborrea acerca del libre mercado, las empresas son cualquier cosa menos democráticas. La clase dominante está organizada y distribuye su propaganda política a través de los medios de comunicación y del sistema de educación. Puede responder a la resistencia con una fuerza policíaca y una armada rígidamente organizada y disciplinada. Y coordina la respuesta de todas sus instituciones en una crisis —piense en cómo los ejecutivos que presidieron el colapso de Wall Street en el 2008 de pronto aparecieron en el Departamento del Tesoro del gobierno federal para supervisar la fianza a los bancos.

Debido a que la clase dominante es una pequeña minoría de la sociedad, no podría gobernar sin tal organización. Por lo tanto, cualquier intento de retar su autoridad significa retar su organización. Esto requiere algún nivel de simetría, esto es, organización de nuestra parte para equivaler la suya. Si sus medios de comunicación masiva llevan a cabo una campaña de calumnias para desacreditar a los sindicatos, necesitamos una respuesta igualmente organizada, con nuestros propios periódicos, revistas y sitios de internet para defender el movimiento y presentar nuestra visión de cambio. Si su fuerza policíaca ataca una protesta, necesitamos una respuesta, una estrategia organizada, confiando en la fuerza de nuestro mayor número, para defender nuestras filas contra la violencia y la represión del estado.

Estos elementos de organización de nuestra parte existen al nivel más básico; existen practicamente en cada lucha, no importa cuan pequeña sea. Incluso un modesto foro debe ser planificado y promovido; una petición debe ser escrita, distribuida y recogida; una acción laboral necesita contar con el respaldo de los trabajadores — todo ello requiere gente trabajando organizadamente.

Cuando observamos rebeliones que parecen surgir de la nada, los elementos de organización no siempre quedan obvios desde afuera, pero sí para los participantes. Tomemos por ejemplo la movilización de los barrios en Venezuela luego del intento de golpe contra el presidente Hugo Chávez en abril del 2002. Chávez había sido secuestrado, llevado fuera del país, y un nuevo gobierno golpista había tomado el poder, cuando los residentes pobres de Caracas descendieron sobre el centro de la ciudad. La revuelta Chavista atemorizó a la élite y algunas secciones de los militares perdieron el control —el régimen golpista colapsó y Chávez regresó victorioso a Venezuela.

La mayoría de los reportes presentaron la movilización que cambió la situación como crucial y espontánea. Pero para el pueblo que participó en ella, esto fue un acto consciente que requirió una organización muy detallada, en una situación tensa y de rápido desarrollo —reconociendo lo que el golpe representaba, motivando a otros a participar, ayudando a la gente a vencer sus miedos y buscando las mejores formas de presionar a la élite.

Desde luego, algunos eventos políticos son más organizados que otros, y algunos períodos en cualquiera lucha requieren un mayor nivel de organización. La historia de las pasadas luchas demuestra la importancia de ambas, acción y organización, dependiendo de la situación, en diferentes proporciones. Durante la revolución francesa del 1789, por ejemplo, nadie dibujó un plan para hacer una rebelión en París que derrocara al rey. No fue necesario llevar a cabo una discusión sobre si la Bastilla sería un buen punto de encuentro para las masas parisinas. De la misma manera en Rusia en el 1917, ninguna organización socialista estableció una fecha para una ola de huelgas y batallas callejeras para derrocar al zar. En aquellos casos, el odio acumulado contra la tiranía del viejo régimen fue suficiente para poner en marcha el proceso.

Pero con el rey o el zar fuera de contienda, ¿qué entonces? Las nuevas circunstancias presentaron retos políticos que no podían ser resueltos solamente por organización en la acción. Fue necesaria una organización política, construida sobre la visión de lo que se avecinaba en la lucha. ¿Hasta donde debía llegar la revolución? ¿Qué hacer para asegurar que la monarquía no retornara? Las respuestas a estas cuestiones fueron decididas en última instancia por las organizaciones en contienda: los revolucionarios Jacobinos contra los moderados girondinos en Francia, los bolcheviques contra los mencheviques en la Rusia del 1917.

Este tipo de organización no nace de la noche a la mañana; debe ser construida. Es así especialmente con la organización socialista, la cual aspira a ser parte de muchos movimientos contra la opresión y la explotación, para unirlos en una amplia lucha por el socialismo. Tal organización debe construirse con tiempo, contribuyendo lo que pueda a cada batalla en la que se involucre, proveyendo el enlace vivo entre varios movimientos, absorbiendo las experiencias de las varias luchas y probando sus ideas a la luz de la realidad. Sus miembros deben aprender las ideas y la historia del socialismo y sostener una discusión constante sobre su significado en el presente, para poder ofrecer una salida hacia adelante.

Este es el más adelantado argumento a favor del socialismo — por qué tú debes ser socialista, no sólo en pensamiento, sino en hechos, como parte del movimiento socialista. Necesitamos muchos más socialistas si queremos jugar un papel positivo en las luchas de hoy y adelantar nuestra alternativa al capitalismo.

Pero consta también otra realidad: tú necesitas una organización socialista. Si quieres cambiar la sociedad, no lo puedes hacer solo. Actuando por cuenta propia ninguno de nosotros puede lograr mucho, aunque tengamos el mejor entendimiento de qué anda mal con el mundo y cómo podría ser diferente. Podemos hacer la diferencia como parte de una organización comprometida a defender toda lucha por la justicia. La participación de los socialistas en muchas luchas es la fuente de mucha fanfarria cuando los derechistas descubren este no tan velado hecho. Piensan que han descubierto un plan secreto: ¡esa maestra opuesta a la invasión de las escuelas charter en su ciudad también marchó contra la masacre de Israel en Gaza, y una vez escribió una carta al editor a favor de la medicina socializada, ¡y probablemente también recicla!

Nuestro compromiso con la lucha contra todas las modalidades de opresión e injusticia no es un secreto. Es una cuestión de orgullo. Encontraremos socialistas organizando por la igualdad LGBT, participando en luchas y ocupaciones de universidades, batallando contra las alzas en la matrícula, combatiendo por los derechos laborales, defendiendo a las víctimas del racismo atropelladas por el sistema de injusticia criminal, en demostraciones contra la guerra y en solidaridad con la gente que lucha por la liberación alrededor del mundo.

¿Quién no estaría orgulloso de pertenecer a un movimiento cuyos miembros protestan contra el desdichado sistema de salud de los Estados Unidos por la mañana, participan en un piquete de huelga por la tarde y por la noche asisten a un foro sobre cómo salvar el ambiente? ¿Hay razón por la cual los activistas dedicados a organizarse hoy no debieran aprender la historia de los movimientos de la clase obrera, y ver sus propios esfuerzos como parte de una tradición de lucha por un mundo mejor?

Esta es nuestra respuesta a cualquier charlatán que "descubra" el diabólico plan socialista de ser parte de los muchos esfuerzos por hacer del mundo un lugar mejor: Sólo deseamos que hubiera más de nosotros, y más de estos esfuerzos. Y queremos corregir los males de la sociedad tan pronto sea posible. Una interrogante que los socialistas no tenemos que responder es cómo mantenernos ocupados. Hay luchas que hay que organizar y liderar dondequiera en nuestra sociedad. Al hacer esto, podemos hacer la diferencia ahora mismo y demostrar cómo las contiendas diarias de hoy forman parte de una lucha mayor por un cambio radical. Como Marx y Engels lo expresaron hace más de 150 años: "Los comunistas luchamos por el logro de metas inmediatas, para reforzar los intereses momentáneos de la clase obrera, pero en el movimiento del presente, también representamos y aseguramos el futuro de ese movimiento."

Un mundo que ganar

Vivimos en un mundo feo y atemorizador: el mundo del capitalismo con su pobreza y hambruna, destrucción ambiental y guerra. Para una asombrosamente enorme cantidad de gente, el diario sobrevivir por sí solo es increíblemente difícil. Para el resto de la vasta mayoría, la lucha por mantenerse de pie deja muy poco tiempo para lo que realmente nos interesa.

Y de acuerdo a la sabiduría tradicional, esto es inevitable. Puede que no sea un mundo perfecto, se nos dice, pero eso de todas formas es un cuento de hadas. Esto es lo mejor que podemos tener —y lo mejor que podemos esperar del futuro es evitar que las cosas empeoren.

John Lloyd, una vez radical y ahora corresponsal del *Financial Times*, escribió un artículo en el 2009, una reseña sobre un pequeño libro sobre el socialismo, en la que aconsejaba no intentar cambiar el mundo. Es mejor, escribió Lloyd, aceptar que vivimos en "una sociedad lo suficientemente buena. Una democracia liberal con una fuerte base social es lo mejor que podemos tener, y por lo menos por ahora, la función central de nuestro gobierno es tratar de mantenerlo de esa manera. Porque esto puede que sea lo mejor que podamos tener."

¿Esto, lo mejor que podamos tener? ¿Un mundo en el que seis millones de niños mueren de malnutrición cada año es lo mejor que podemos tener? ¿La carnicería en Irak, Afganistán y otros países alrededor del mundo es lo mejor que podemos tener? ¿Desempleo y ejecuciones hipotecarias asolando aun a las sociedades más afluentes? ¿Una sociedad plagada de racismo, sexismo y prejuicios? ¿Un planeta amenazado por el desastre ecológico?

¡Qué desnuda acusación al capitalismo que sus defensores piensen que esto es lo mejor que podemos hacer —aun más, que busquen demostrar que la pobreza es natural, que la desigualdad beneficia al mundo, que la guerra es justa, que los seres humanos son incapaces de hacer un mundo organizado a base de la solidaridad y la libertad!

Puede que la lucha para hacer una nueva sociedad sea muy larga. Pero si te unes a los socialistas nunca mas tendrás que estar satisfecho con bochornosas excusas.

De hecho, millones de personas rechazan la complacencia frente a los fracasos de la sociedad. Puede que no se vean aún como rebeldes o que no tengan en mente una alternativa. Tal vez comunican su descontento a unos cuantos amigos o sus colegas de trabajo, o lo guardan para maldecir a Glenn Beck y Lou Dobbs en la televisión. Algunos crean obras de arte para imaginar mundos diferentes. Pero no aceptan que este mundo sea lo mejor que podamos tener, ni que no se pueda hacer algo para mejorarlo. Y algunos pondrán ese sentimiento en acción, por su propio interés o por el de los demás.

A veces el poder de la élite puede parecer demasiado grande para ser desafiado aun en un solo asunto, mucho menos en los muchos que a los socialistas nos interesan. Pero debemos recordar que los afroamericanos tenían el mismo temor de los racistas que gobernaban el sur de los Estados Unidos durante la segregación Jim Crow. La gente de Europa Oriental creía que los tiranos que los oprimían eran demasiados poderosos para ser detenidos. Así también pensaban los negros bajo el sistema de apartheid en Sudáfrica, y los trabajadores de Petrogrado en la Rusia zarista. Lo mismo con cada víctima de la opresión en la historia.

Nadie sabe de antemano cuando sucederán los momentos cumbres de una lucha, pero sabemos que son formados por el proceso de organización que los precede. Sin las Rosa Park y Fannie Lou Hamer, sin los Eugene Debs y las Elizabeth Gurley Flynn, sin Frederick Douglass y John Brown y Wendell Phillips, sin la larga lista de socialistas, radicales y rebeldes cuyos nombres recordamos, y los miles que no recordamos, nuestra historia sería diferente. La lucha por un mundo mejor giró en torno a su decisión de no esperar a ver lo que otros harían. Por el contrario, tomaron una posición.

"Ser un socialista en Estados Unidos", dijo el autor Mike Davis a Bill Moyers de PBS, "es . . . realmente pararse en la sombra de una inmensa historia de radicalismo y trabajo, pero con una responsabilidad de asegurar su regeneración." Ese es el reto que tenemos: presentar la alternativa socialista al capitalismo y hacerlo parte de todos los movimientos por el cambio, capturando el espíritu de resistencia de la rica historia del movimiento de la clase obrera y reviviéndolo en la lucha del presente.

Vivimos en un mundo donde es posible poner fin a la guerra, el hambre y la pobreza para siempre. ¿Por qué debemos aceptar que lo que tenemos ahora es lo mejor que podemos tener? Los socialistas quieren construir una sociedad libre de toda opresión, basada en los principios de la solidaridad y la democracia, donde podamos controlar nuestra propia vida. Ese es un mundo por el cual vale la pena luchar.

Eugene V. Debs
y la idea del socialismo

Siempre necesitaremos radicales que además sean adorables, y por eso sería bueno recordar a Eugene Víctor Debs. Hace noventa años, y en el tiempo en que el Progresismo nació, Debs era famoso nacionalmente como líder del Partido Socialista, y el poeta James Whitcomb escribió de él:

> Tan cálido como el corazón que jamás latió
> Entre aquí y la Silla del Juicio.

Debs fue lo que todo socialista o anarquista o radical debe ser: fiero en sus convicciones, dulce y compasivo en sus relaciones personales. Sam Moore, un compañero de celda en la penitenciaría de Atlanta, donde Debs fue encarcelado por oponerse a la primera guerra mundial, recordaba cómo se sentía cuando Debs iba a ser liberado el día de navidad del 1921: "Tan miserable como yo estaba, retaría al destino con toda su crueldad mientras Debs tomara mi mano, y fui el más miserablemente feliz hombre sobre la tierra cuando supe que él se iría a casa en la navidad."

Debs se había ganado el afecto de sus compañeros de celda en Atlanta. Había batallado por ellos en cientos de maneras y rehusó cualquier privilegio para sí. El día de su salida, el alcaide pasó por alto las reglas de la prisión y abrió cada módulo para permitir que más de 2.000 presos se reunieran frente al edificio principal de la prisión para decir adiós a Eugene Debs. Cuando empezó a caminar la vereda desde la prisión, se escuchó un fuerte rugido; dio la vuelta, las lágrimas bañando su cara, y estrechó sus brazos hacia los otros prisioneros.

Esta no había sido su primera experiencia en prisión. En 1894, como un organizador para el Sindicato Ferroviario Americano y todavía sin entregarse al socialismo, había dirigido un boicot ferrocarrilero nacional en respaldo de los trabajadores en huelga en la Compañía Pullman Palace Car. Ellos atoraron el sistema de ferrocarriles, quemaron cientos de vagones del ferrocarril y fueron confrontados con toda la fuerza del estado capitalista. El fiscal federal Richard Olney, anteriormente un abogado del ferrocarril, obtuvo una orden judicial para prohibir el bloqueo de los trenes. El presidente Grover Cleveland activó al ejército, el cual usó bayonetas y fuego de rifles sobre una multitud de 5.000 simpatizantes de la huelga en Chicago. Arrestaron a 700. Trece fueron muertos a balazos.

Debs fue encarcelado por violar una orden judicial prohibiéndole hacer o decir cualquier cosa a favor de continuar la huelga. En la corte negó que fuera socialista, pero durante sus seis meses en prisión leyó literatura socialista y los eventos de la huelga tomaron un significado más profundo. Más tarde escribió: "Yo iba a ser bautizado en el socialismo en el rugido del conflicto. En el brillo de cada bayoneta y en el relámpago de cada rifle se reveló la lucha de clases."

De ahí en adelante, Debs dedicó su vida a la causa de los trabajadores y al sueño de una sociedad socialista. Subió a la plataforma con Mother Jones y Big Bill Haywood en 1905, en la convención de fundación del Industrial Workers of the World (IWW, Trabajadores Industriales del Mundo). Era un magnífico orador, su cuerpo largo inclinado hacia los escuchantes desde el podio, sus brazos levantados dramáticamente. Miles acudían a escucharlo hablar en todo el país.

Con el comienzo de la guerra en Europa en 1914 y los preparativos de la fiebre bélica contra Alemania, algunos socialistas sucumbieron a los discursos de "preparación", pero Debs se opuso firmemente. Cuando el presidente Wilson y el Congreso llevaron la nación a la guerra en 1917, la expresión ya no era libre. La Ley de Espionaje tipificaba como un crimen decir cualquier cosa que pudiera desanimar el alistamiento en las fuerzas armadas.

Dentro de poco, cerca de 1.000 personas habían sido puestos en prisión por protestar contra la guerra. El productor de una película llamada *The Spirit of '76* (El espíritu del '76), sobre la revolución americana, fue sentenciado a diez años en prisión por promover sentimientos antibritánicos en un momento en que Inglaterra y los Estados Unidos eran aliados. El caso fue oficialmente llamado *USA vs. The Spirit of '76*.

Debs dio un discurso en Canton, Ohio, en respaldo de los hombres y mujeres encarcelados por oponerse a la guerra. Le dijo a su audiencia: "Las guerras a través de la historia han sido peleadas por conquista y despojo. Y eso es la guerra, en resumen. La clase dominante siempre ha declarado las guerras; la clase dominada siempre ha peleado las batallas."

Debs fue hallado culpable y sentenciado a diez años de prisión por un juez que denunció a aquellos "quienes quitarían la espada de la mano a la nación mientras se ocupa defendiéndose contra un poder ajeno y brutal".

En la corte, Debs rehusó llevar testigos, declarando: "He sido acusado de obstruir la guerra. Lo admito. Aborrezco la guerra. Me opondría a la guerra aunque estuviese solo." Antes de la sentencia, Debs se dirigió al juez y al jurado pronunciando quizás sus palabras mas famosas. Recientemente estuve en la ciudad en que nació, Terre Haute, Indiana, entre 200 personas reunidas para honrar su memoria, y empezamos la tarde recitando aquellas palabras —las que me conmovieron profundamente cuando las leí por primera vez y aún me emocionan profundamente:

> Mientras haya una clase baja, yo pertenezco a ella. Mientras haya un elemento criminal, yo pertenezco a él. Mientras haya un alma en prisión, no estaré libre.

El "liberal" Oliver Wendell Holmes, hablando de parte de una Corte Suprema unánime, sostuvo el veredicto bajo la premisa de que el discurso de Debs tuvo la intención de obstruir el reclutamiento militar. Cuando la guerra finalizó, el "liberal" Woodrow Wilson desestimó la recomendación de su secretario de justicia de soltar a Debs, aunque este ya tenía 65 años y estaba delicado de salud. Debs estuvo en prisión por 32 meses. Finalmente, en 1921, el republicano Warren Harding ordenó su liberación en el día de navidad.

Hoy, cuando el capitalismo, el "mercado libre" y "la empresa privada" son alabadas como triunfantes en el mundo, es un buen momento para recordar a Debs y reencender la idea del socialismo.

Ver la desintegración de la Unión Soviética como una señal del fracaso del socialismo es malentender la monstruosa tiranía creada por Stalin como la visión de una sociedad igualitaria y democrática que ha inspirado a enormes números de personas a través de todo el mundo. De hecho, la remoción de la Unión Soviética como el adalid de la idea del socialismo crea una gran oportunidad. Ahora podemos reintroducir el genuino socialismo en un mundo que siente la enfermedad del capitalismo, su odio nacionalista, su guerra perpetua, riqueza para los pocos en pocos países, y hambre, desalojo e inseguridad para todos los demás.

Aquí en los Estados Unidos, debemos recordar que el entusiasmo por el socialismo —la producción para el uso en vez de la ganancia, igualdad social y económica, solidaridad con nuestros hermanos y hermanas alrededor del mundo— estaba en su auge antes de que la Unión Soviética existiera.

En la era de Debs, los primeros 17 años del siglo XX, hasta que la guerra creó la oportunidad para aplastar el movimiento, millones de americanos declararon su adhesión a los principios del socialismo. Aquellos fueron años de amargas luchas obreras, con las grandes huelgas de las obreras en la industria textil en New York; la victoriosa huelga multiétnica de los trabajadores de textiles en Lawrence, Massachusetts; y el increíble valor de los mineros del carbón en Colorado desafiando el poder y la riqueza de los Rockefeller. En ese entonces nació el IWW —revolucionaria, militante, demandando "un gran sindicato" para todos, diestros y no diestros, afros y blancos, hombres y mujeres, nativos e inmigrantes.

Más de un millón de personas leyeron el *Llamado a la Razón* y otros periódicos socialistas. En proporción a la población, sería como si hoy más de 3.000.000 de americanos leyeran la prensa socialista. El partido tenía 100.000 miembros y 1.200 representantes electos en 340 municipalidades. El socialismo tenía fuerza especialmente en el suroeste, entre los agricultores inquilinos, trabajadores ferroviarios, mineros del carbón y leñadores. En el 1914 Oklahoma tenía 12.000 miembros pagando cuotas y más de 100 socialistas en puestos municipales. Era el hogar de la feroz Kate Richards O'Hara, encarcelada por oponerse a la guerra, que en una ocasión lanzó un libro a través del tragaluz para que entrara aire fresco a la celda maloliente, y obtuvo el aplauso de sus compañeras de celda.

El punto a recordar de todo esto es el poderoso atractivo de la idea socialista para la gente enajenada del sistema político y consciente de la creciente, cruda diferencia en ingresos y riqueza —como tantos americanos lo están hoy. La palabra misma —"socialismo"— puede todavía cargar las distorsiones de recientes experiencias negativas que usurparon su nombre. Pero cualquiera que viaje alrededor del país, o lea con cuidado las encuestas de opinión pública sobre la pasada década, puede notar que muchos americanos están de acuerdo en cuales deben ser los elementos fundamentales de una sociedad decente: alimentación garantizada, vivienda, atención médica para todos; pan y mantequilla como mejores garantías a la "seguridad nacional" que las armas y las bombas; control democrático del poder corporativo; igualdad de derechos para todas las razas y géneros y orientaciones sexuales; reconocimiento de los derechos de los inmigrantes; rechazo a la guerra y la violencia como soluciones para la tiranía y la injusticia.

Hay gente temerosa de la palabra a lo largo del espectro político. Lo que es importante, pienso, no es la palabra, sino el propósito de mantener ante un público inquieto esas ideas que son valientes y atractivas —y mientras más valientes, más atractivas. Para esto recordar a Debs y sus ideas socialistas nos puede servir mucho.